# 高中数学图形计算器实验教材

钱铭　李杨　孙磊　著

苏州大学出版社

**图书在版编目(CIP)数据**

高中数学图形计算器实验教材/钱铭,李杨,孙磊著.—苏州:苏州大学出版社,2019.9
ISBN 978-7-5672-2773-6

Ⅰ.①高… Ⅱ.①钱… ②李… ③孙… Ⅲ.①中学数学课-高中-教学参考资料 Ⅳ.①G633.603

中国版本图书馆CIP数据核字(2019)第165276号

**高中数学图形计算器实验教材**
钱铭 李杨 孙磊 著
责任编辑 肖 荣

苏州大学出版社出版发行
(地址:苏州市十梓街1号 邮编:215006)
虎彩印艺股份有限公司印装
(地址:东莞市虎门镇陈黄村工业区石鼓岗 邮编:523925)

开本 700 mm×1 000 mm 1/16 印张 10.5 字数 178 千
2019年9月第1版 2019年9月第1次印刷
ISBN 978-7-5672-2773-6 定价:29.00元

苏州大学版图书若有印装错误,本社负责调换
苏州大学出版社营销部 电话:0512-67481020
苏州大学出版社网址 http://www.sudapress.com
苏州大学出版社邮箱 sdcbs@suda.edu.cn

# 目 录

**第一章 函数与导数 / 1**

第 1 节 HP Prime 图形计算器的基本操作与函数作图 / 1

第 2 节 函数的图象与性质 / 5

第 3 节 分段函数与取整函数 / 9

第 4 节 函数的单调性与奇偶性 / 15

第 5 节 一次函数与二次函数 / 18

第 6 节 指数与指数函数 / 23

第 7 节 对数与对数函数 / 27

第 8 节 幂函数 / 31

第 9 节 双曲函数 / 35

第 10 节 函数的零点 / 38

第 11 节 极大值与极小值 / 42

第 12 节 导数在实际生活中的应用 / 46

**第二章 三角函数与解三角形 / 50**

第 1 节 三角函数的定义与计算 / 50

第 2 节 同角三角函数的基本关系式 / 53

第 3 节 三角函数的诱导公式与求值 / 55

第 4 节 正弦函数的图象和性质 / 58

第 5 节 正弦型函数 $y=A\sin(\omega x+\varphi)$ / 61

第 6 节 余弦函数与正切函数的图象和性质 / 64

第 7 节 三角函数的图象和性质 / 67

第 8 节 已知三角函数值求角 / 71

第 9 节 平面向量 / 73

第 10 节 三角恒等变换(一) / 75

第 11 节　三角恒等变换(二)　/ 78
第 12 节　用图形计算器解三角形　/ 80
**第三章　解析几何　/ 82**
第 1 节　直线方程的基本概念与性质　/ 82
第 2 节　距离问题　/ 87
第 3 节　圆的方程与性质　/ 90
第 4 节　直线与圆、圆与圆的位置关系　/ 93
第 5 节　圆的方程的应用　/ 96
第 6 节　圆锥曲线　/ 99
第 7 节　椭圆的几何性质　/ 102
第 8 节　双曲线的几何性质　/ 105
第 9 节　抛物线的几何性质　/ 108
第 10 节　圆锥曲线的统一定义　/ 112
第 11 节　曲线与方程　/ 115
第 12 节　曲线的参数方程　/ 119
**第四章　数列与不等式　/ 123**
第 1 节　数列的图象与递推数列　/ 123
第 2 节　等差数列　/ 126
第 3 节　等比数列　/ 128
第 4 节　不等关系与不等式　/ 130
第 5 节　均值不等式　/ 133
第 6 节　一元二次不等式及其解法　/ 135
**第五章　统计　/ 138**
第 1 节　简单随机抽样与用样本估计总体　/ 138
第 2 节　频率分布直方图与茎叶图　/ 141
第 3 节　线性回归方程　/ 146
**第六章　数学建模　/ 150**
第 1 节　简单的线性规划　/ 150
第 2 节　用图形计算器绘图　/ 155
第 3 节　探索空间图形的方程　/ 159

# 第一章
# 函数与导数

## 第1节　HP Prime 图形计算器的基本操作与函数作图

### 【学习目标】

掌握 HP Prime 图形计算器的基本功能；利用图形计算器画出函数的图象，理解函数的对应法则、定义域和一些基本性质；掌握函数的三种表示形式.

### 【基本操作】

#### 一、初识图形计算器（图1-1）

1. LCD 触摸屏
2. 上下文相关触控按钮菜单
3. HP 应用程序键
4. “首页”视图和首选项设置
5. 常用数学和科学函数
6. Alpha 键和 Shift 键
7. 打开、取消和关闭键
8. 列表、矩阵、程序和备注目录
9. 上一个答案键(Ans)
10. Enter 键
11. 退格和删除键

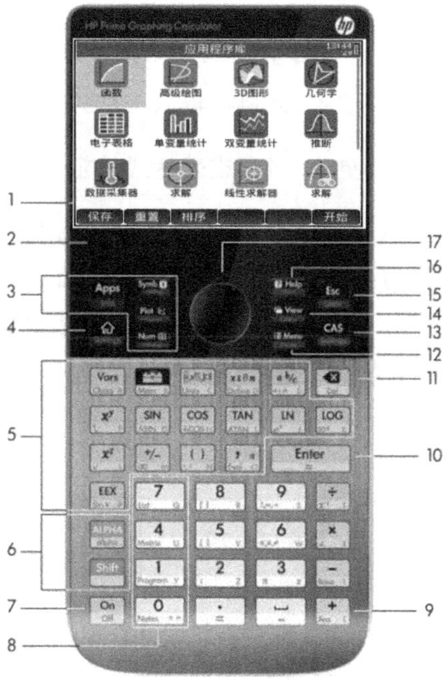

图 1-1

12. Menu(和 Paste)键
13. CAS(和 CAS 首选项)键
14. View(和 Copy)键
15. Esc(和 Clear)键
16. Help 键
17. 摇盘(用于移动光标)

## 二、利用“函数”应用程序绘制函数图象

打开“函数”应用程序(图 1-2).

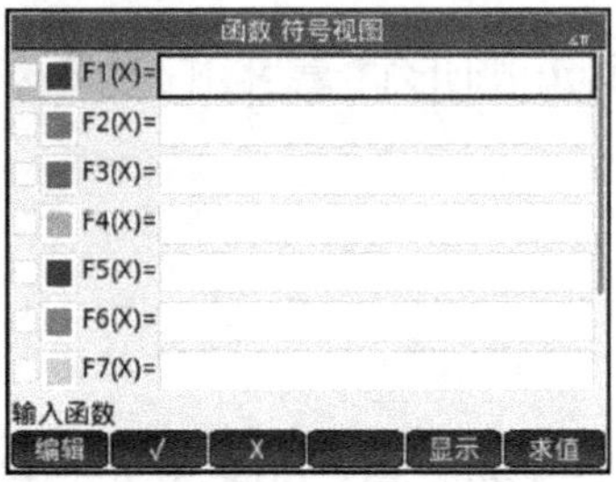


图 1-2

1. 按 Apps Info ,然后选择“函数”应用程序对应的图标以打开“函数”应用程序.

(1) 通过点击选择需要修改的函数名称,突出显示想要使用的行.如果要输入新表达式,只需在输入框输入即可.如果要编辑现有表达式,请点击 编辑 并进行更改.当完成表达式的定义或更改时,请按 Enter ≈ .

(2) 在 F1(X)中输入一次函数(图 1-3).

(3) 在 F2(X)中输入二次函数(图 1-3).

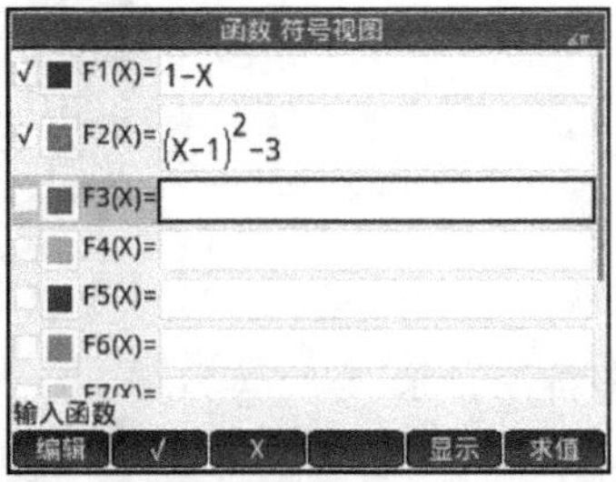


图 1-3

2. 点击绘制函数图形按钮 Plot Setup ,绘制的图形如图 1-4 所示.

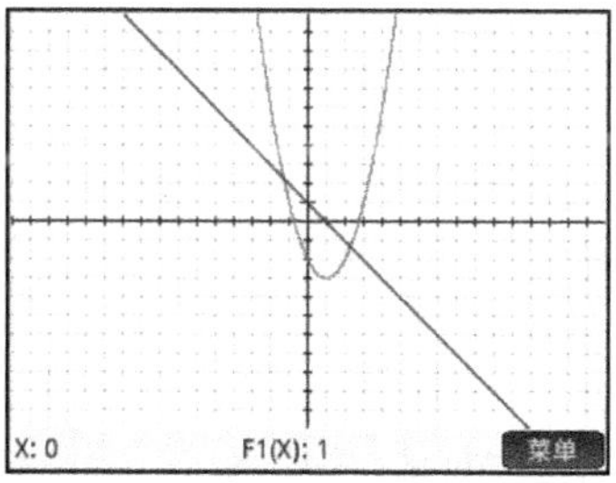


图 1-4

## 【案例解读】

**例 1**　画出函数 $y=x^2+x$ 的图象.

**提示**　绘制函数图象的步骤如图 1-5 所示.

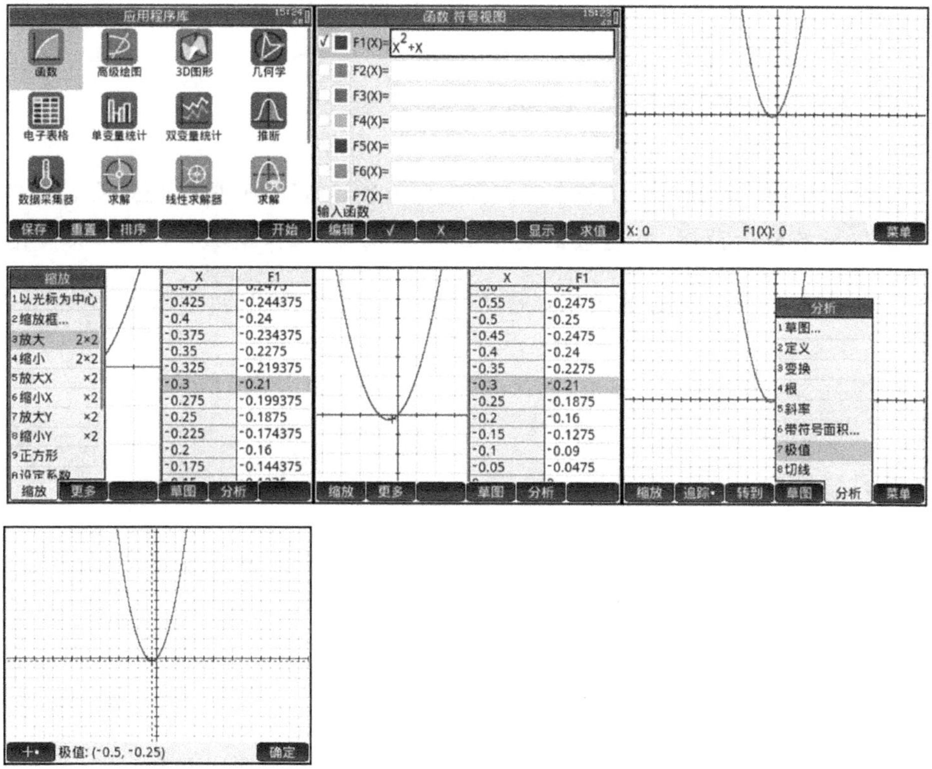


图 1-5

**例 2** 画出函数 $y=\dfrac{1}{\sqrt{x+1}}$ 的图象，写出它的定义域和值域.

**提示** 绘制函数图象的步骤如图 1-6 所示.

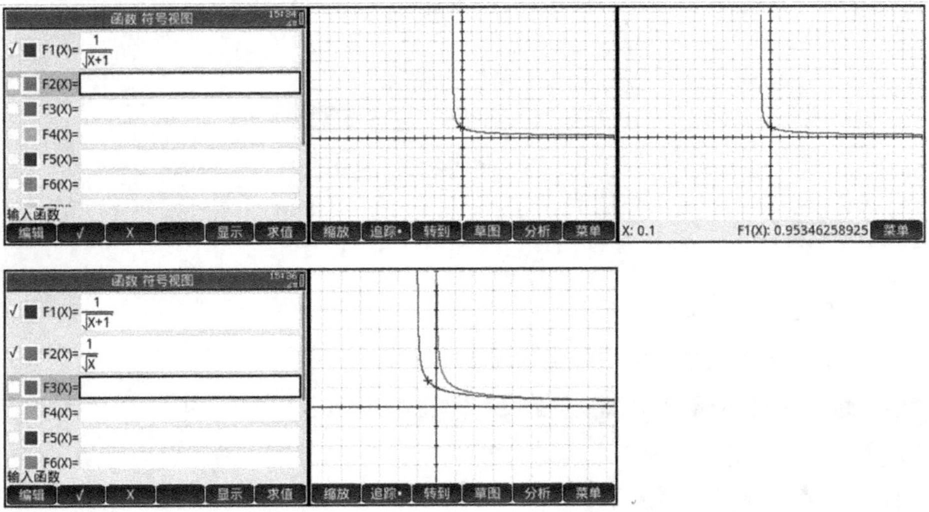


图 1-6

**分析说明** 定义域是图象上点的横坐标 $x$ 的取值范围，值域是图象上点的纵坐标 $y$ 的取值范围. 此函数的定义域为 $\{x|x>-1\}$，值域为 $\{y|y>0\}$，在 $(-1,+\infty)$ 上单调递减. 此函数是幂函数经平移变换得到的，把函数 $y=\dfrac{1}{\sqrt{x}}=x^{-\frac{1}{2}}$ 的图象向左平移 1 个单位，得到函数 $y=\dfrac{1}{\sqrt{x+1}}$ 的图象.

## 【学习建议】

深入体会 HP 应用程序键、View（和 Copy）键、Help 键等按键在“函数”应用程序中的应用价值.

## 【练习】

绘制一些学过的函数图象，探索“函数”应用程序的其他功能.

# 第2节　函数的图象与性质

## 【学习目标】

能用图形计算器对函数进行画图分析，熟悉、理解、巩固函数的定义与性质.

## 【基本操作】

在函数符号视图中可以选择不同形式的函数(图1-7)，利用if条件可实现对函数定义域的控制.

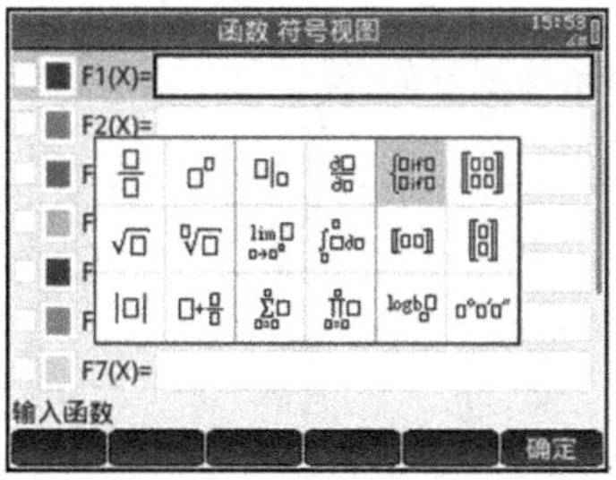


图1-7

利用CAS系统进行简单的计算(图1-8).

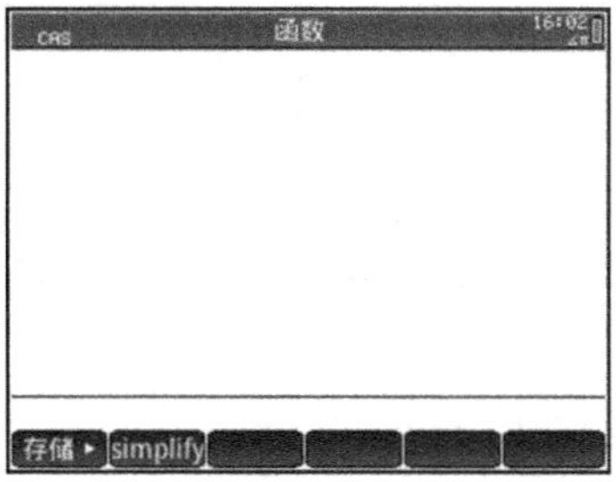


图1-8

## 【案例解读】

**例1**　画出函数 $y=\sqrt{x}$ 的图象，指出它的定义域、值域.

**提示**　绘制函数图象的步骤如图 1-9 所示.

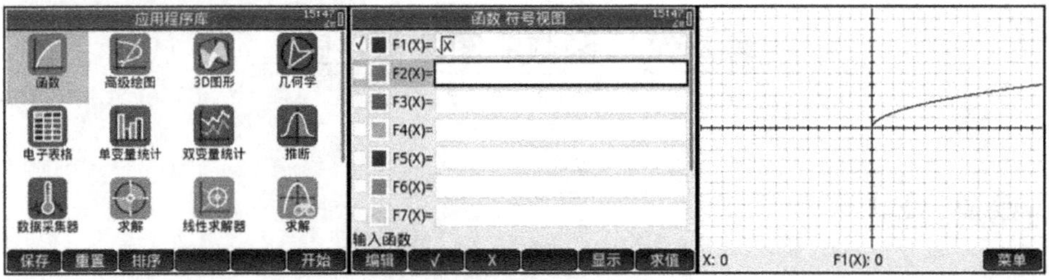


**图 1-9**

**分析说明**　此函数的定义域与值域均为$[0,+\infty)$,图象在第一象限,随着$x$值的增加,$y$值也增加.

**例 2**　求函数$y=\dfrac{8}{x^2}(1\leqslant x\leqslant 2)$的值域,并画出函数的图象进行验证.

**提示**　绘制函数图象的步骤如图 1-10 所示.

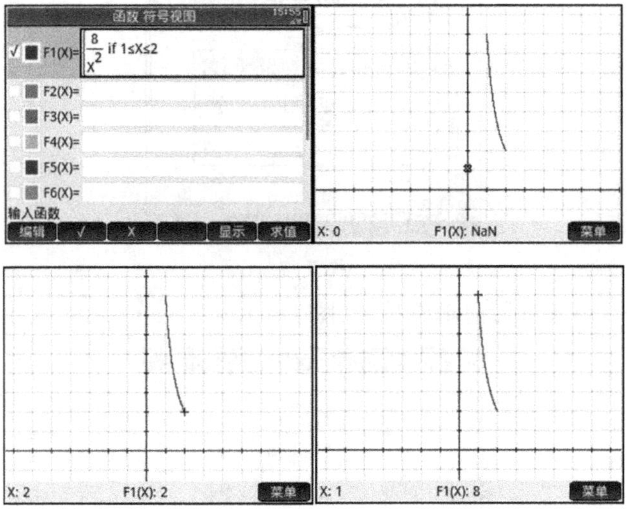


**图 1-10**

**分析说明**　此函数的值域为$\{y\mid 2\leqslant y\leqslant 8\}$.

**例 3**　指出函数$y=\dfrac{1}{x^2+1}$的值域,并求此函数在$x=0,1,2$处的函数值.

**提示**　绘制函数图象的步骤如图 1-11 所示.

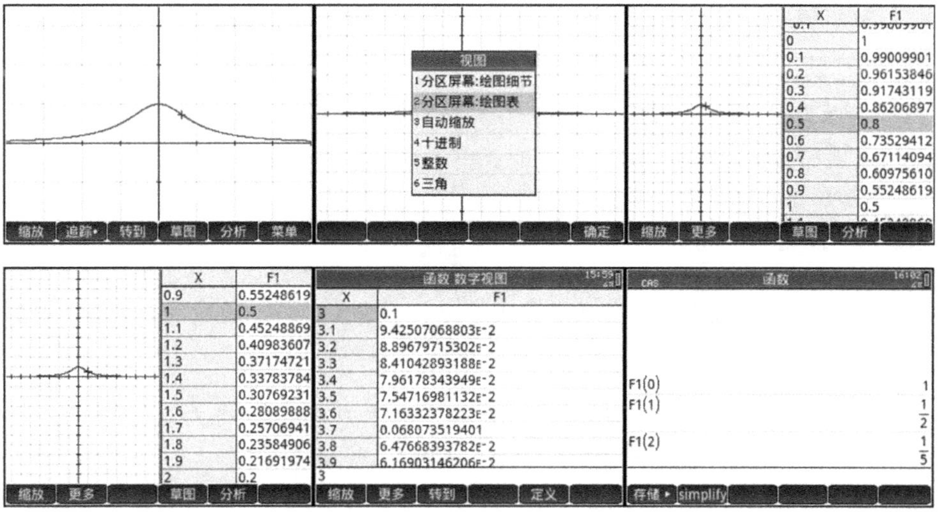


**图 1-11**

**分析说明**　该函数在 $x=0,1,2$ 处的函数值分别为 $1,0.5,0.2$，可由数表求出，也可以定义函数，再分别求出函数值. 从图象看出，$x=0$ 时函数取得最大值 $1$；$x\to\infty$ 时，$y\to 0$. 所以函数的值域为 $(0,1]$. 由 $f(-1)=f(1)$，$f(-2)=f(2)$，$f(-3)=f(3)$ 可以推测并证明 $f(-x)=f(x)$，从而函数图象关于 $y$ 轴对称.

**例 4**　指出函数 $y=\dfrac{\sqrt{x+3}}{x}$ 的定义域和值域.

**提示**　绘制函数图象的步骤如图 1-12 所示.

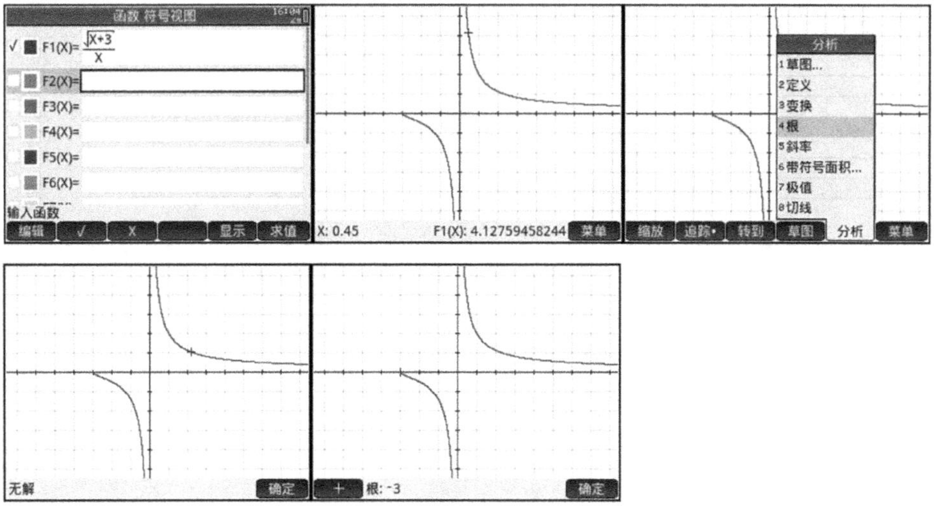


**图 1-12**

**分析说明** 观察函数的图象，定义域为$\{x\in\mathbf{R}\mid x\geqslant-3,x\neq0\}$. 求定义域的基本法则是“分母不为0，且偶次根号下被开方数大于等于0”. 还可以看出，函数的值域为**R**. 当$x>0$时，$y>0$，$y$随$x$的增加而减少；当$x<0$时，$y<0$，$y$也随$x$的增加而减少；当$x\to0$且$x<0$时，$y\to-\infty$；当$x\to0$且$x>0$时，$y\to+\infty$.

## 【学习建议】

if语句在“函数”应用程序中有很多使用情景，如规定函数的定义域、构建分段函数等.

CAS系统是一种强大的代数运算系统，学有余力的同学可以尝试利用CAS系统判断函数的极限，确定函数的值域.

## 【练习】

指出函数$y=\sqrt{\dfrac{x-5}{x+1}}$的定义域和值域.

# 第 3 节　分段函数与取整函数

## 【学习目标】

利用 HP Prime 图形计算器画出含绝对值符号的函数和分段函数的图象，理解分段函数的定义及简单的图象变换的规律，并能由图象得出函数的一些性质，体会数形结合的解题思想.

## 【基本操作】

使用橙色按键 B 对应的工具箱图标，在“函数”应用程序中可以输入一些系统既定的函数，如取整、取小数、四舍五入、求最值等. 每一个系统既定函数的使用方法和案例，可以按 Help 键查看，如图 1-13 所示.

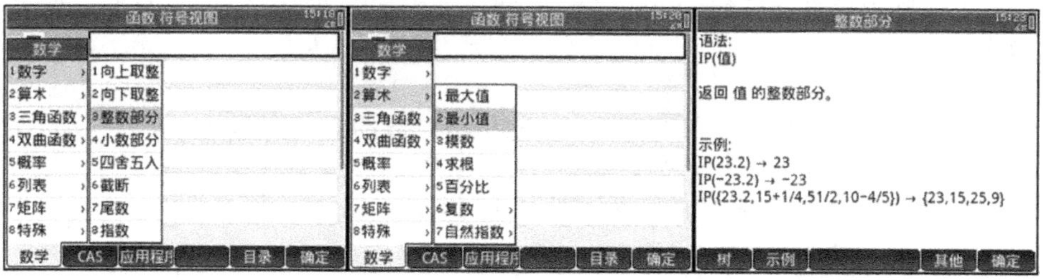


**图 1-13**

## 【案例解读】

**例 1**　作出函数 $y=\begin{cases}-x, & -1<x<0,\\ x^2, & 0\leqslant x<1,\\ x, & 1\leqslant x\leqslant 2\end{cases}$ 的图象，求 $f(-0.8)$，$f\left(\dfrac{1}{2}\right)$，$f\left(\dfrac{3}{2}\right)$，并写出它的单调区间.

**提示** 绘制函数图象的步骤如图 1-14 所示.

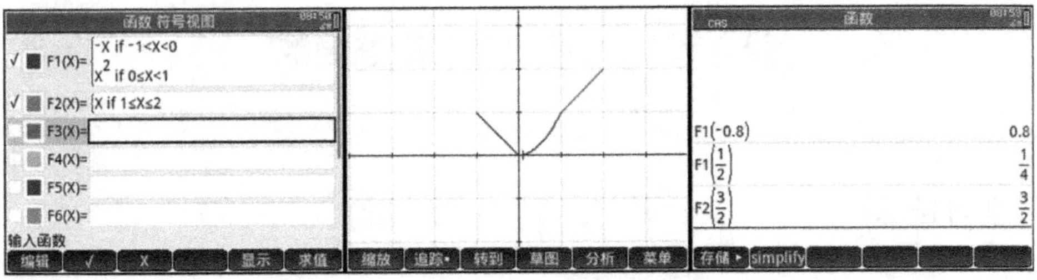


图 1-14

**分析说明** 先定义已知的函数,就可以直接求出所要求的函数值,如 $f\left(\frac{1}{2}\right)=\frac{1}{4}$;画出定义域内的函数图象,可以知道函数的增区间为[0,2],减区间为(−1,0].

**例 2** (1) 分别作出函数 $y=|x|$,$y=-2+|x|$ 和 $y=2-|x|$ 的图象,说明它们和函数 $y=|x|$ 图象的关系;

(2) 画出函数 $y=|x|$,$y=|x-1|$ 和 $y=|x+1|$ 的图象,说明它们之间的关系;

(3) 函数 $y=\begin{cases}x, & x\in[0,1],\\ 2-x, & x\in(1,2]\end{cases}$ 能用绝对值的形式表示出来吗?

**提示** 绘制函数图象的步骤如图 1-15 所示.

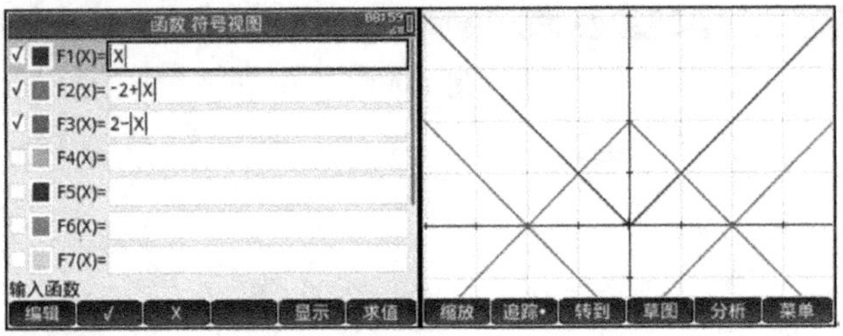


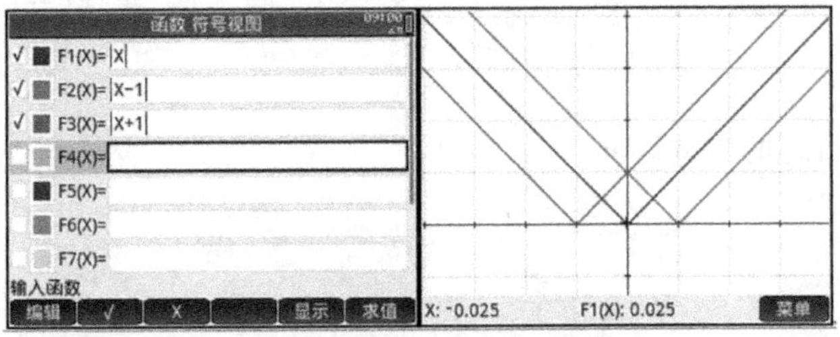

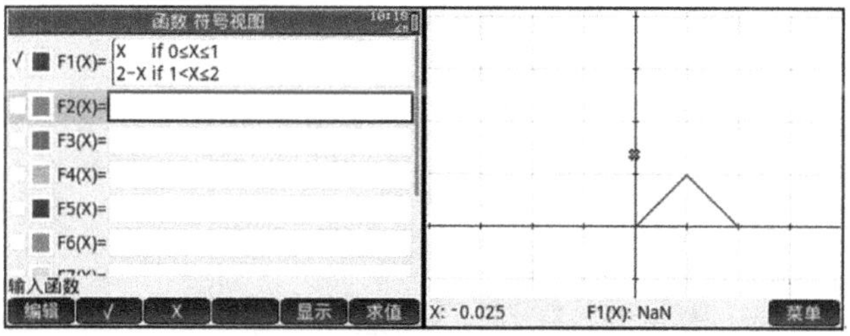


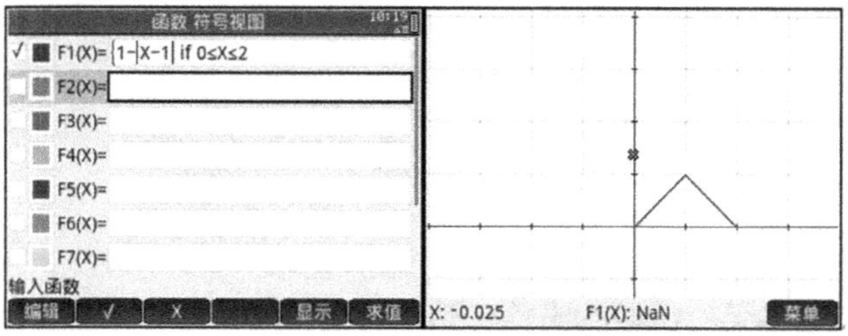


图 1-15

**分析说明**　函数 $y=|x|=\begin{cases}x, & x\geqslant 0,\\ -x, & x<0\end{cases}$ 是分段函数，图象为第一、二象限的角平分线；$y=-2+|x|=\begin{cases}x-2, & x\geqslant 0,\\ -x-2, & x<0\end{cases}$ 也是分段函数，可以输入分段表达式画出此函数的图象. $y=|x|$ 的图象向下平移 2 个单位得到 $y=-2+|x|$ 的图象；$y=|x|$ 的图象沿 $x$ 轴翻转 180°得到 $y=-|x|$ 的图象；$y=-|x|$ 的图象向上平移 2 个单位得到 $y=2-|x|$ 的图象；$y=|x|$ 的图象向右平移 1 个单位得到 $y=|x-1|$ 的图象.

函数 $y=\begin{cases}x, & x\in[0,1],\\ 2-x, & x\in(1,2]\end{cases}$ 可以表示为 $y=1-|x-1|$，$x\in[0,2]$，但要注意输入表达式的格式.

**例 3**　作出函数 $y=[x]$，$y=x-[x]$ 的图象，根据图象说明它们的定义域、值域；作出函数 $y=[2x]$ 的图象，思考它和函数 $y=[x]$ 的图象有什么关系.

**提示**　绘制函数图象的步骤如图 1-16 所示.

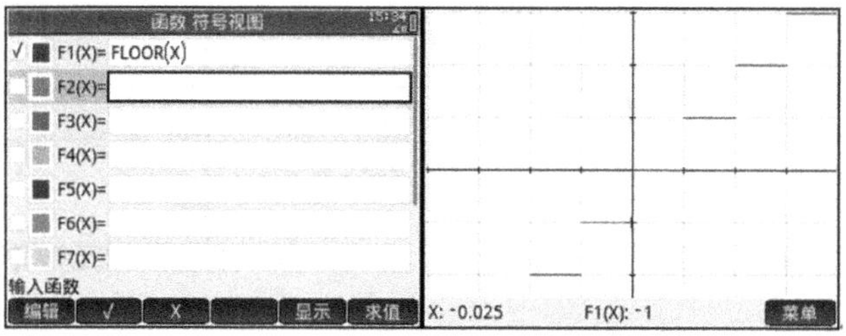

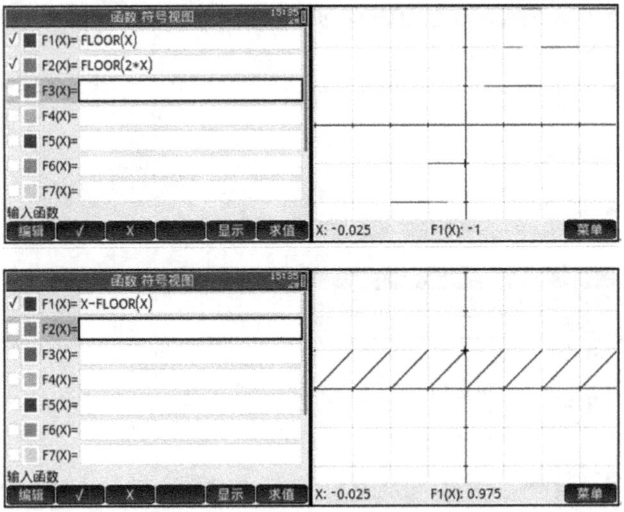


**图 1-16**

**分析说明**　输入 FLOOR(X)，即向下取整函数，此符号表示“不超过 $x$ 的最大整数”，即取整函数 $y=[x]$. 由于计算器显示屏表示方式的限制，HP Prime 图形计算器不能画出函数图象上的空心点，但利用“图象跟踪”功能，可以知道在整数点的函数值，也可以由函数值表得出. 此函数的定义域是实数集 $\mathbf{R}$，值域是整数集 $\mathbf{Z}$. 函数 $y=[2x]$与函数 $y=[x]$有相同的定义域和值域，$y=[2x]$的图象可以看成是 $y=[x]$的图象向 $y$ 轴压缩而成的，即 $y=[x]$图象上的每一点的纵坐标不变，横坐标变为原来的$\frac{1}{2}$，就变成 $y=[2x]$的图象.

**例 4**　(2011・北京卷)已知函数 $f(x)=\begin{cases}\frac{2}{x}, & x\geqslant 2,\\(x-1)^3, & x<2,\end{cases}$若关于 $x$ 的方程 $f(x)=k$ 有两个不同的实根，则实数 $k$ 的取值范围是________.

**提示**　绘制函数图象的步骤如图 1-17 所示.

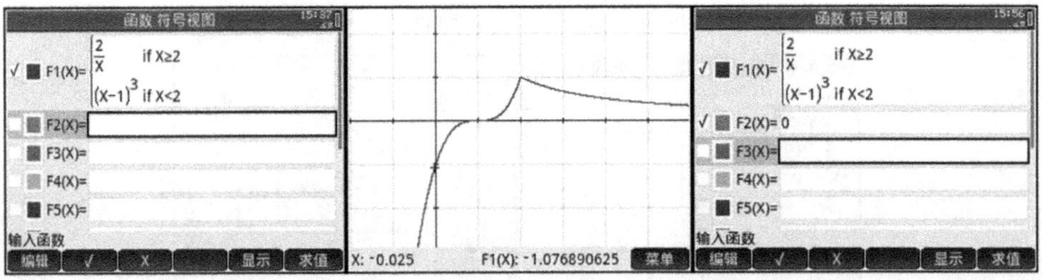

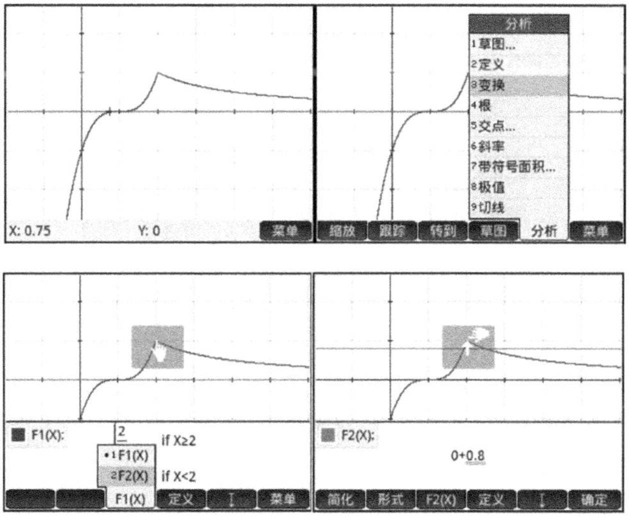


图 1-17

**分析说明**　在数学模板中选定分段函数格式，输入函数表达式，可画出图象.插入水平线，可画出动直线 $y=k$，改变 $k$ 的取值，观察直线与曲线交点的情况，可确定正确答案为(0,1).

**例 5**　(2011 · 广东卷)不等式 $|x+1|-|x-3|\geqslant 0$ 的解集是________.

**提示**　绘制函数图象的步骤如图 1-18 所示.

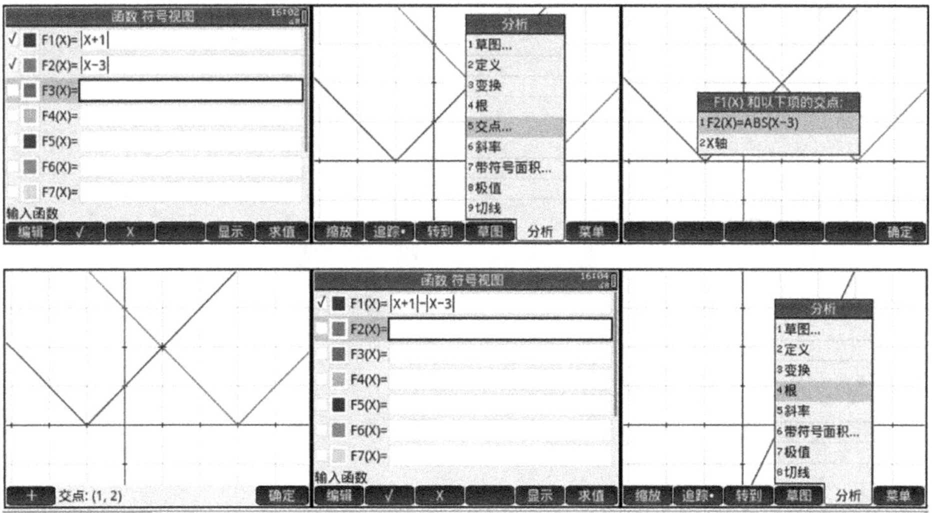


图 1-18

**分析说明** 可转化为$|x+1|\geqslant|x-3|$，两边平方后求解；或画图分析判断；或从距离的意义猜出答案$\{x|x\geqslant1\}$.

## 【学习建议】

利用图形计算器强大的图象分析系统与CAS系统可从多个角度寻求解决问题的方案.

## 【练习】

请你设计一个图象连续不断的分段函数，并用图形计算器绘制其图象.

# 第4节　函数的单调性与奇偶性

## 【学习目标】

利用函数图象,掌握如何由函数图象判断函数的单调性与奇偶性,体会数形结合的解题思想,加深对单调性、奇偶性的概念与性质的理解.

## 【案例解读】

**例1**　已知函数 $f(x)=x^3$,画出函数 $f(x)$ 的图象,说明其单调性与奇偶性,并研究函数 $y=x^3+x$ 的单调性与奇偶性.

**提示**　绘制函数图象的步骤如图1-19所示.

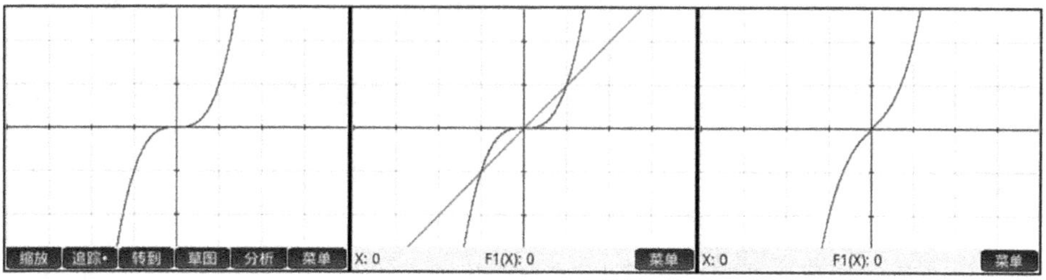


图1-19

**分析说明**　函数 $y=x^3$ 与 $y=x$ 都是奇函数,在 $(-\infty,+\infty)$ 上递增. 在共同的定义域上,两个奇函数的和是一个奇函数,两个增函数的和仍是增函数.

**例2**　分别画出函数 $y=\frac{1}{x}$,$y=\frac{1}{x+1}$,$y=\frac{1}{x-5}$ 的图象,说明其单调性与奇偶性及三个函数图象相互之间的关系. 函数 $y=\frac{x+2}{x+1}$ 和函数 $y=\frac{1}{x}$ 的图象有关系吗?

**提示** 绘制函数图象的步骤如图 1-20 所示.

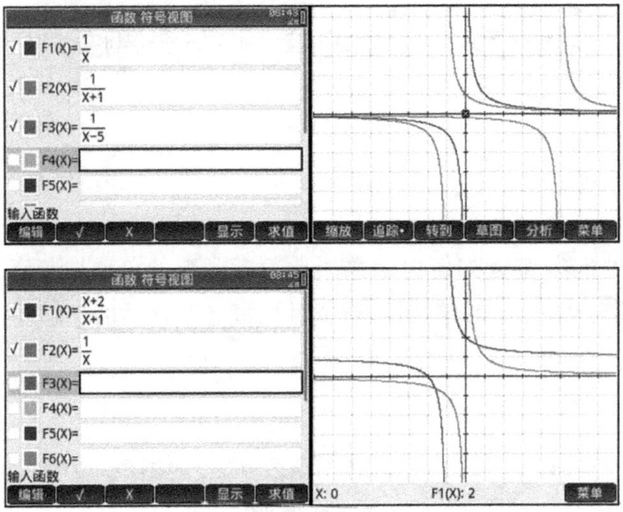

**图 1-20**

**分析说明** 函数 $y=\frac{1}{x}$是奇函数，在$(-\infty,0)$和$(0,+\infty)$上分别为减函数. 将 $y=\frac{1}{x}$的图象向左平移 1 个单位可得到 $y=\frac{1}{x+1}$的图象，向右平移 5 个单位可得到 $y=\frac{1}{x-5}$的图象.

由 $y=\frac{x+2}{x+1}=\frac{(x+1)+1}{x+1}=1+\frac{1}{x+1}$知，其定义域为$\{x\mid x\neq-1\}$，值域为$\{y\in\mathbf{R}\mid y\neq1\}$. 将函数 $y=\frac{1}{x}$的图象向左平移 1 个单位，再向上平移 1 个单位，可以得到函数 $y=\frac{x+2}{x+1}$的图象.

**例 3** 函数 $y=x+\frac{1}{x}$的图象是什么形状？它与函数 $y=x$ 和 $y=\frac{1}{x}$有什么关系？

**提示** 绘制函数图象的步骤如图 1-21 所示.

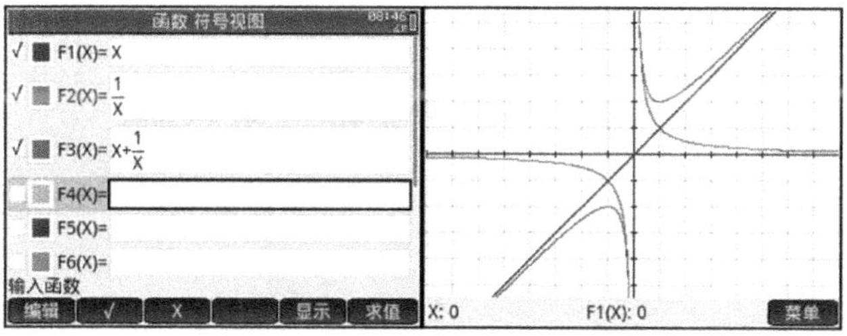


图 1-21

**分析说明**　函数 $y=x+\frac{1}{x}$ 的图象由函数 $y=x$ 和 $y=\frac{1}{x}$ 的图象叠加而成，俗称“对勾函数”，图象关于坐标原点对称；$x=1$ 时，函数有极小值 2；$x=-1$ 时，函数有极大值 $-2$；在 $(-\infty,-1]$ 和 $[1,+\infty)$ 上为增函数，在 $[-1,0)$ 和 $(0,1]$ 上为减函数.

**例 4**　(2011·全国课标卷)下列函数是偶函数且在 $(0,+\infty)$ 上单调递增的是(　　).

A. $y=x^3$　　B. $y=|x|+1$　　C. $y=-x^2+1$　　D. $y=2^{-|x|}$

**提示**　绘制函数图象的步骤如图 1-22 所示.

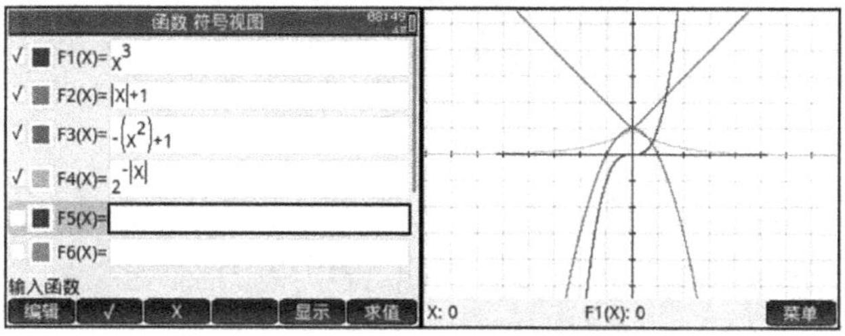


图 1-22

**分析说明**　将函数 $y=|x|$ 的图象向上平移 1 个单位，得到函数 $y=|x|+1$ 的图象；对函数 $y=2^{-|x|}=\begin{cases}\left(\frac{1}{2}\right)^x, & x\geqslant 0,\\ 2^x, & x<0,\end{cases}$ 以 $x=0$ 为分界点，去绝对值符号后可画出其图象. 选 B.

# 第5节　一次函数与二次函数

## 【学习目标】

理解在一次函数 $y=kx+b(k\neq0)$ 中，参数 $k$ 和 $b$ 在函数图象变化中所起的作用；理解在二次函数 $y=ax^2+bx+c(a\neq0)$ 中，参数 $a,b,c$ 在函数图象变化中所起的作用；了解直线系的几何意义及一些相关习题的解法.

## 【基本操作】

利用“几何学”应用程序中的滑动条功能(图 1-23)，实现动态作图.

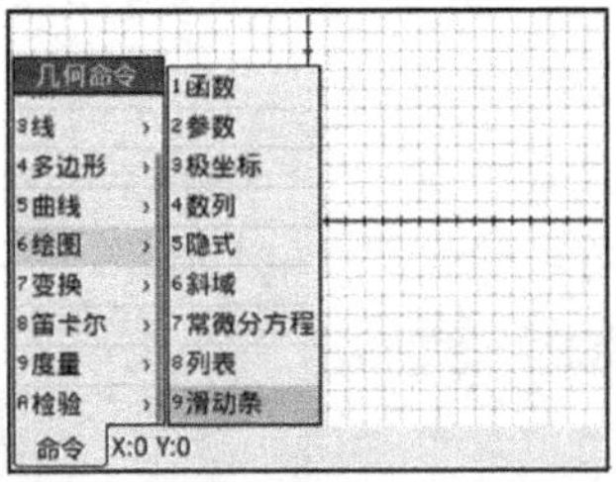


图 1-23

如图 1-24 所示，长按屏幕上的参数字母可以将动态变化的数字转化为手动调节的滑动条，具体操作可以参照 Help 键中附带的参考文档.

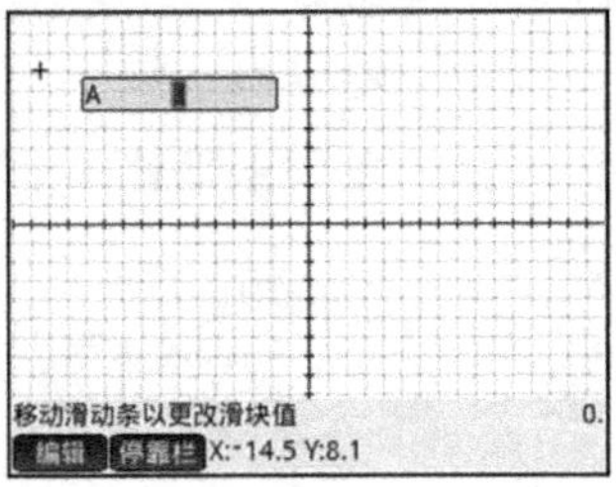


图 1-24

## 【案例解读】

**例 1**　设置滑动条表示参数 $k$ 与 $b$，作出函数 $y=kx+b$ 的图象，改变 $k$ 与 $b$ 的取值，观察图象的变化，说明在直线方程 $y=kx+b$ 中，参数 $k,b$ 对图象变化所起的作用.

**提示**　绘制函数图象的步骤如图 1-25 所示.

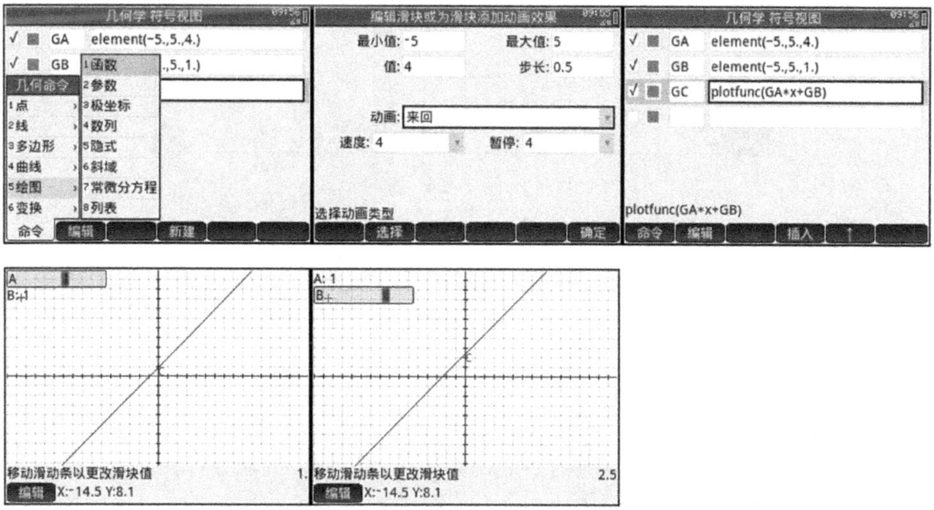


**图 1-25**

**分析说明**　参数 $k$ 为直线的斜率，它决定了直线的倾斜程度；当参数 $k$ 变化而参数 $b$ 不变时，此直线方程表示通过定点 $(0,b)$ 的直线所组成的一个直线系，但不包括 $y$ 轴. 参数 $b$ 表示直线在 $y$ 轴上的截距，当参数 $b$ 变化而参数 $k$ 不变时，此直线方程表示斜率为 $k$ 的平行直线所组成的一个直线系.

**例 2**　设置滑动条表示参数 $a,b$ 和 $c$，作出函数 $y=ax^2+bx+c(a\neq0)$ 的图象，改变 $a,b,c$ 的取值，观察图象的变化，说明在二次函数 $y=ax^2+bx+c$ $(a\neq0)$ 中，参数 $a,b,c$ 对函数图象变化的影响.

**提示**　绘制函数图象的步骤如图 1-26 所示.

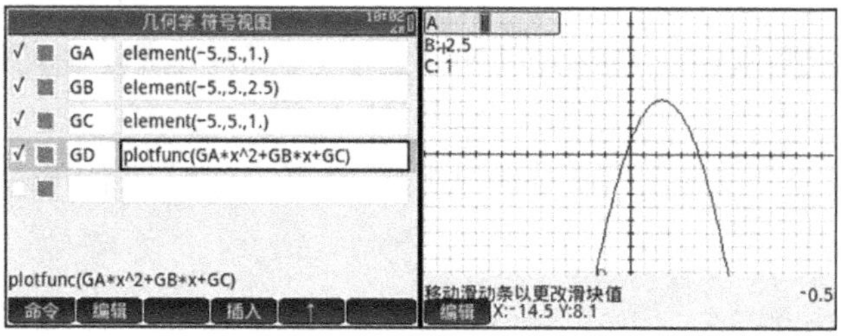

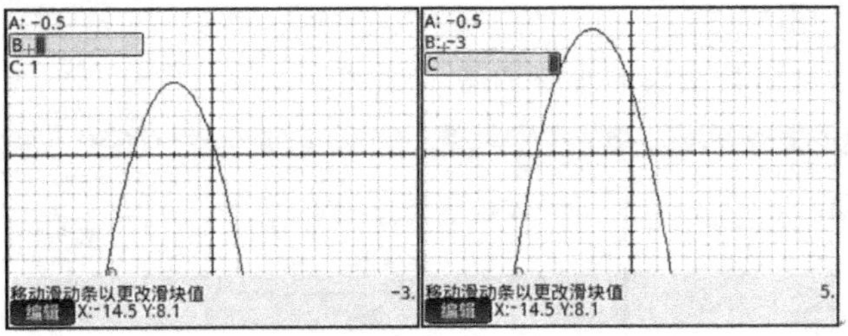


图 1-26

**分析说明** 参数 $a$ 决定抛物线开口的方向和大小，$a>0$ 时抛物线开口向上，$a<0$ 时抛物线开口向下，$|a|$ 越大，抛物线开口越小；参数 $a$ 和 $b$ 共同确定了抛物线对称轴的位置，参数 $c$ 的变化引起了抛物线的上下平移运动.

**例 3** 对于每个实数 $x$，设 $f(x)$ 取 $y=4x+1$，$y=x+2$，$y=-2x+4$ 这三个函数中的最小值，用分段函数写出 $f(x)$ 的解析式，并求 $f(x)$ 的最大值.

**提示** 绘制函数图象的步骤如图 1-27 所示.

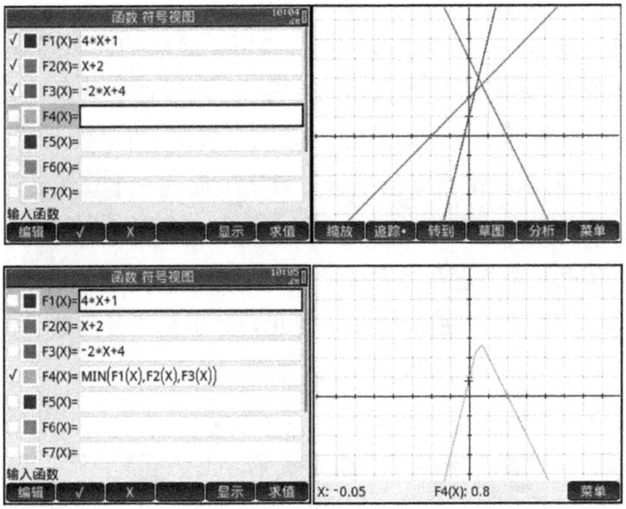


图 1-27

**分析说明** 可在输入函数时选择求最小值的“min”功能，直接画出函数的图象，求出当 $x=\frac{2}{3}$时，$f(x)_{\max}=\frac{8}{3}$.

此函数的分段表达式为 $f(x)=\begin{cases}4x+1, & x\in\left(-\infty,\dfrac{1}{3}\right),\\ x+2, & x\in\left[\dfrac{1}{3},\dfrac{2}{3}\right),\\ -2x+4, & x\in\left[\dfrac{2}{3},+\infty\right).\end{cases}$

**例 4**　画出函数 $y=x^2-3|x|+\dfrac{1}{4}$ 的图象，指出它的奇偶性与单调区间.

**提示**　绘制函数图象的步骤如图 1-28 所示.

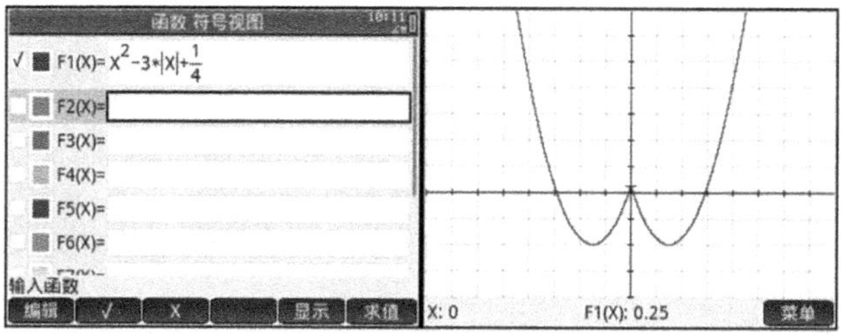


**图 1-28**

**分析说明**　由 $f(-x)=f(x)$ 可知此函数是偶函数，画出函数图象后，其图象关于 $y$ 轴对称；增区间是 $[-1.5,0]$ 和 $[1.5,+\infty)$，减区间是 $(-\infty,-1.5]$ 和 $[0,1.5]$.

**例 5**　求函数 $y=\sqrt{x^2-4x+9}$ 的定义域与值域.

**提示**　绘制函数图象的步骤如图 1-29 所示.

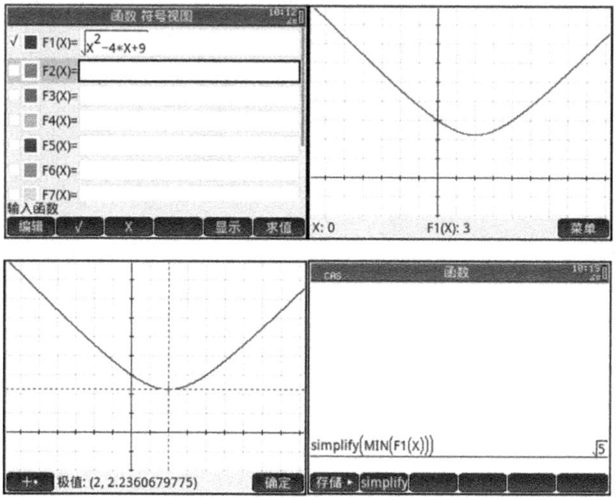


**图 1-29**

**分析说明** 由 $y=\sqrt{x^2-4x+9}=\sqrt{(x-2)^2+5}$ 可知，此函数的定义域为 $\mathbf{R}$，值域为 $\{y|y\geqslant\sqrt{5}\}$. 画出函数图象可以看出，结论正确.

## 【学习建议】

灵活运用“几何学”应用程序和“函数”应用程序可以进行多种动态探索.

# 第 6 节　指数与指数函数

## 【学习目标】

用图形计算器熟练地进行指数运算，通过画出指数函数及其复合函数的图象，进一步理解指数函数的一些主要性质.

## 【案例解读】

**例 1**　用图形计算器计算：(1) $3.14^{-2}$，$3.1^{\frac{2}{3}}$；

(2) 已知 $f(x)=2.72^x$，求 $f(-2)$，$f(1)$，$f(3)$.

**提示**　计算结果如图 1-30 所示.

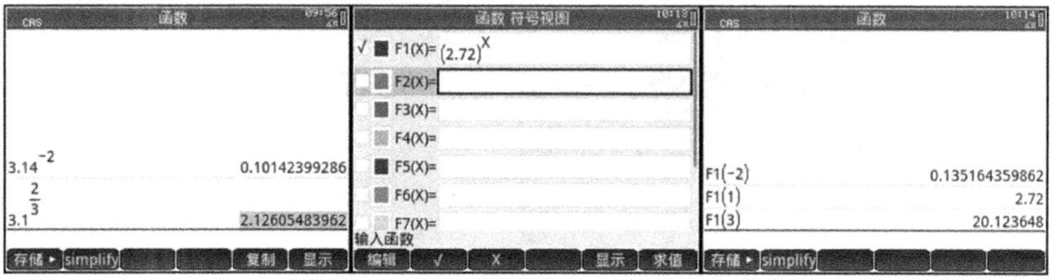


图 1-30

**分析说明**　在计算器页面上定义函数，在 CAS 系统正确地输入表达式，按 Enter 键即可求出结果.

**例 2**　设置滑动条表示参数 $a$，作出函数 $y=a^x(a>0,a\neq1)$ 的图象，改变 $a$ 的取值，观察图象的变化，说明在指数方程 $y=a^x$ 中，参数 $a$ 对图象变化所起的作用. 思考函数 $y=a^{|x|}(a>0,a\neq1)$ 的图象是什么样的?

**提示**　绘制函数图象的步骤如图 1-31 所示.

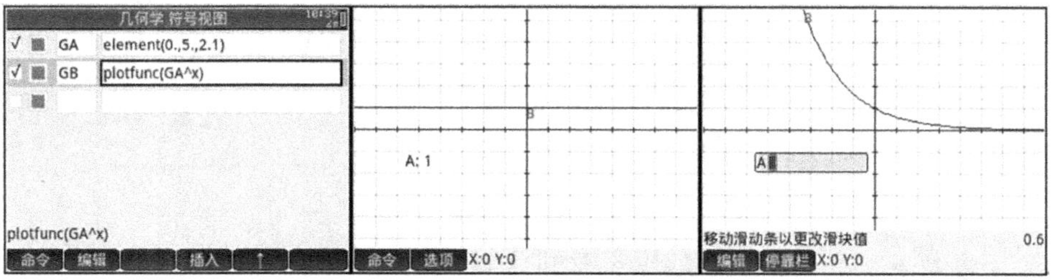

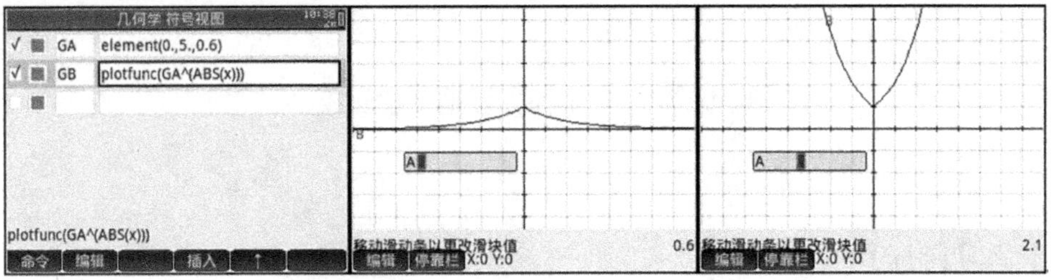


**图 1-31**

**分析说明** 改变 $a$ 的取值,分 $0<a<1$ 和 $a>1$ 两种情况,体会并记住课本所述的指数函数的性质. 函数 $y=a^{|x|}=\begin{cases}a^x, & x\geqslant 0,\\ a^{-x}, & x<0\end{cases}$ 是偶函数,图象关于 $y$ 轴对称.

**例 3** (2012·上海卷)已知函数 $f(x)=\mathrm{e}^{|x-a|}$($a$ 为常数). 若 $f(x)$ 在区间 $[1,+\infty)$ 上是增函数,则 $a$ 的取值范围是__________.

**提示** 绘制函数图象的步骤如图 1-32 所示.

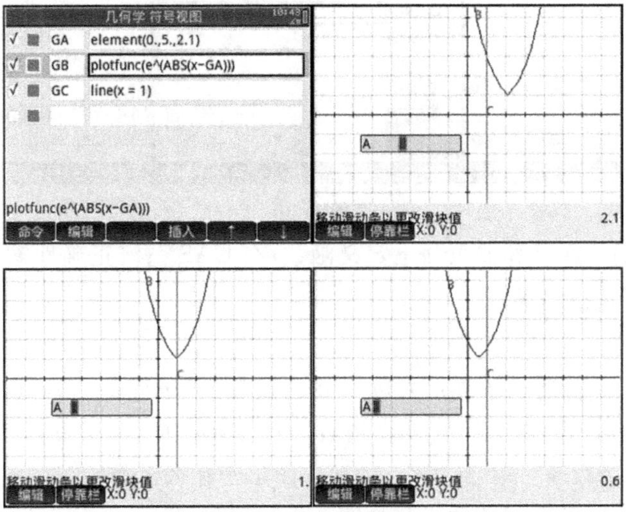


**图 1-32**

**分析说明** $\mathrm{e}=2.718\ 28\cdots>1$,函数 $y=\mathrm{e}^{|x|}$ 是偶函数,图象关于 $y$ 轴对称,在 $[0,+\infty)$ 上单调递增,在 $(-\infty,0]$ 上单调递减. $y=\mathrm{e}^{|x-a|}$ 的图象由 $y=\mathrm{e}^{|x|}$ 的图象左右平移而来,观察图象知答案为 $(-\infty,1]$.

**例 4** 求下列函数的定义域和值域,并画出图象验证得出的结论是否正确.

(1) $y=2^{x+1}$； (2) $y=\sqrt{1-2^{x}}$； (3) $y=2^{\sqrt{x}}$； (4) $y=2^{x^{2}}$.

**提示**　绘制函数图象的步骤如图 1-33 所示.

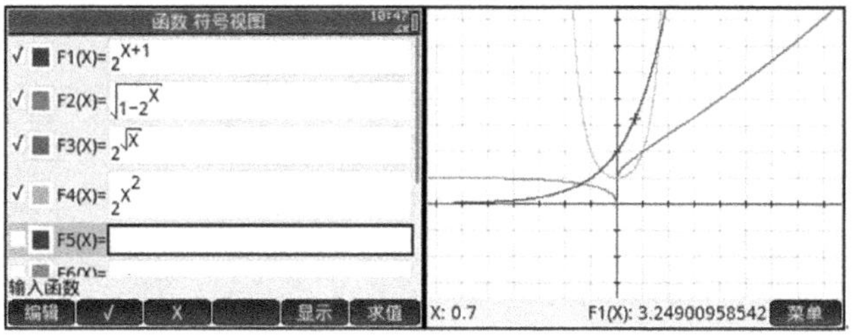


图 1-33

**分析说明**　这几个函数都是复合函数,除第一个函数外,用手工作图的方法很难作出其余三个函数的图象,只能利用复合函数的性质分析得出函数的定义域和值域.

由函数图象可以看出,函数 $y=2^{x+1}$ 的定义域为 **R**,值域为 $\{y|y>0\}$,与函数 $y=2^{x}$ 相同;函数 $y=\sqrt{1-2^{x}}$ 的定义域为 $(-\infty,0]$,值域为 $\{y|0\leqslant y<1\}$;函数 $y=2^{\sqrt{x}}$ 的定义域为 $[0,+\infty)$,值域为 $\{y|y\geqslant1\}$;函数 $y=2^{x^{2}}$ 的定义域为 **R**,值域为 $\{y|y\geqslant1\}$,且为偶函数.

**例 5**　已知函数 $f(x)=\dfrac{4^{x}}{4^{x}+2}$.

(1) 计算 $f(0.1)+f(0.9)$ 的值;

(2) 求 $f\left(\dfrac{1}{1\,001}\right)+f\left(\dfrac{2}{1\,001}\right)+\cdots+f\left(\dfrac{999}{1\,001}\right)+f\left(\dfrac{1\,000}{1\,001}\right)$ 的和.

**提示**　计算结果如图 1-34 所示.

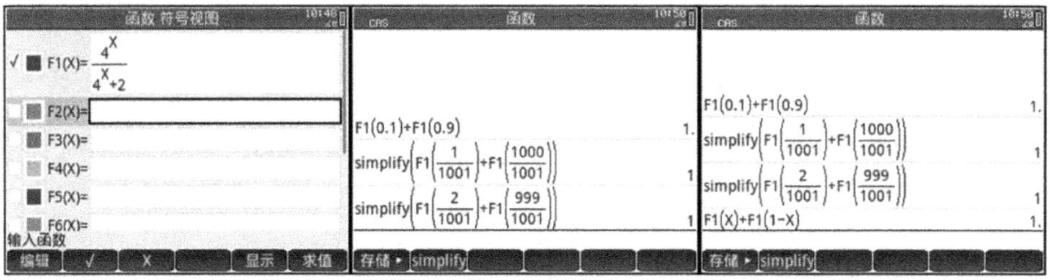


图 1-34

**分析说明**　输入函数表达式,通过计算 $f(x)$ 与 $f(1-x)$ 的函数值之和,可以发现此函数满足性质 $f(x)+f(1-x)=1$,从而得出 $f(0.1)+f(0.9)=1$,并得出此数列前 1 000 项的和为 500. 另外，由 $\frac{x+(1-x)}{2}=0.5$，可知函数 $f(x)=\frac{4^x}{4^x+2}$ 的图象关于点(0.5,0.5)中心对称.

**【练习】**

已知函数 $y=\frac{a\cdot 2^x-1-a}{2^x-1}$ 为奇函数.

(1) 求 $a$；(2) 求函数的定义域；

(3) 求函数的值域；(4) 写出函数的单调区间.

# 第7节　对数与对数函数

## 【学习目标】

用图形计算器熟练地进行对数运算；通过画出指数、对数函数及其复合函数的图象，理解这两类函数的主要性质，并能利用函数图象解决一些简单的应用问题.

## 【基本操作】

由于 HP Prime 计算器中对对数输入有一定的要求，所以输入不是以 10 和 e 为底的对数时，可以考虑使用换底公式输入.

例如，$\log_5 x$ 可以写成$\frac{\ln x}{\ln 5}$(图 1-35).

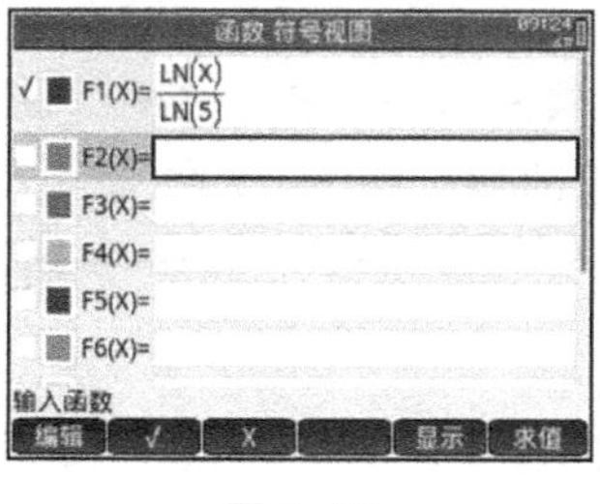


**图 1-35**

## 【案例解读】

**例 1**　利用图形计算器分别计算下列各式的值.

(1) $\lg4+\lg25$，$\lg\sqrt[5]{100}$，$\ln e^2$，$\ln34$，$\lg2\ 001$；

(2) $\left(\lg\frac{1}{4}-\lg25\right)\div100^{-\frac{1}{2}}$.

**提示**　计算结果如图 1-36 所示.

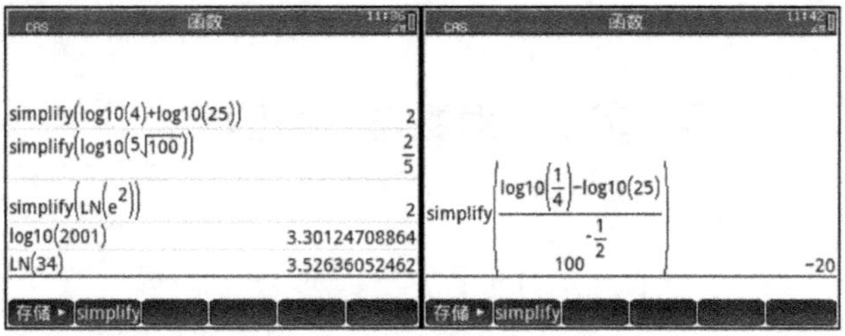

图 1-36

**分析说明** 用图形计算器能直接计算出以 e 为底的对数 $\ln x$ 的值，若计算其他底数的对数的值，则需要输入底数，不需要用换底公式. 例如，第(2)题 $\left(\lg\frac{1}{4}-\lg 25\right)\div 100^{-\frac{1}{2}}=-20$.

**例 2** 设置滑动条表示参数 $a$，作出函数 $y=\log_a x\ (a>0,a\neq 1)$ 的图象，改变 $a$ 的取值，观察图象的变化，说明在对数解析式 $y=\log_a x$ 中，参数 $a$ 对函数图象变化所起的作用，并分别说明当 $0<a<1$ 时和 $a>1$ 时对数函数的性质.

思考函数 $y=a^x\ (a>0,a\neq 1)$ 和 $y=\log_a x\ (a>0,a\neq 1)$ 的关系，在同一个坐标系中画出它们的图象，观察两个函数图象之间的位置关系.

**提示** 绘制函数图象的步骤如图 1-37 所示.

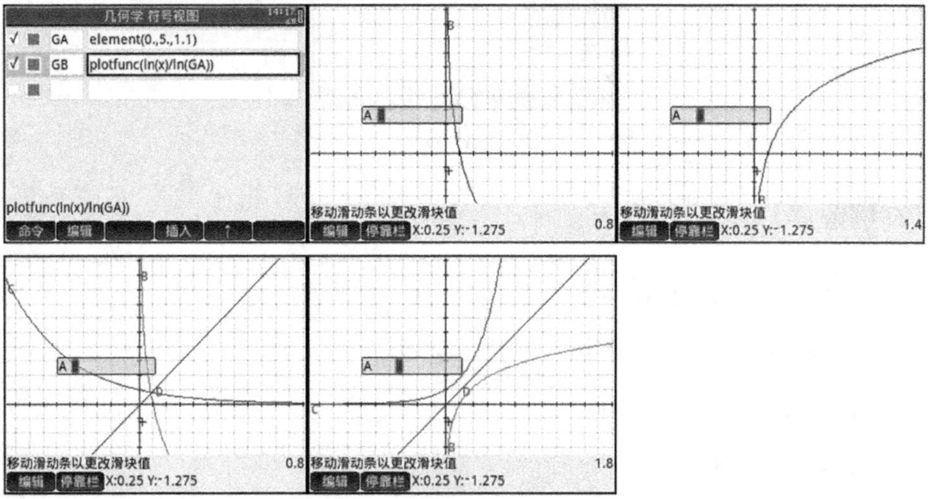

图 1-37

**分析说明** 函数 $y=a^x\ (a>0,a\neq 1)$ 和 $y=\log_a x\ (a>0,a\neq 1)$ 互为反函数，它们的图象关于直线 $y=x$ 对称. 观察图象，除了发现课本介绍的函数性质外，还可以探索、发现新的结论. 例如，当 $a\approx 1.444\ 7$ 时，两曲线均与直线 $y=x$

相切.

**例 3**　分别画出函数 $y=\log_a|x|$ 和 $y=\log_{\frac{1}{a}}x$ 的图象，说明它们和函数$y=\log_a x\,(a>0,a\neq 1)$图象之间的关系.

**提示**　绘制函数图象的步骤如图 1-38 所示.

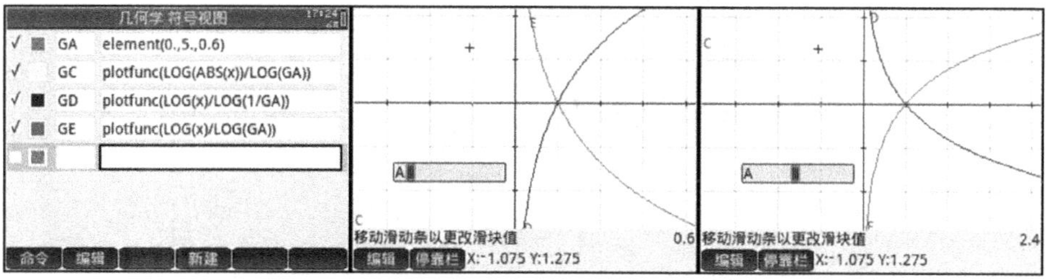


**图 1-38**

**分析说明**　$y=\log_a|x|\,(a>0,a\neq 1)$是偶函数，图象关于 $y$ 轴对称；函数$y=\log_a x\,(a>0,a\neq 1)$和 $y=\log_{\frac{1}{a}}x$ 的图象关于 $x$ 轴对称.

**例 4**　分别画出函数 $y=\log_2 x^2$ 和 $y=\log_2\sqrt{4-x}$的图象，并指出它们的定义域.

**提示**　绘制函数图象的步骤如图 1-39 所示.

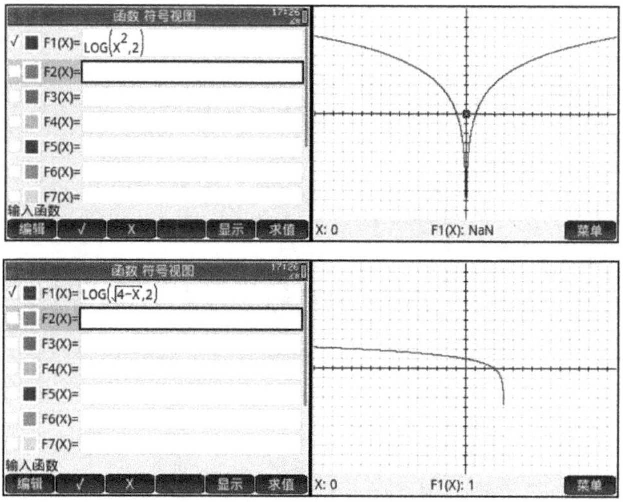


**图 1-39**

**分析说明**　函数 $y=\log_2 x^2$ 的定义域为$(-\infty,0)\cup(0,+\infty)$，$\log_2 x^2=\log_2|x|^2=2\log_2|x|$；$y=\log_2\sqrt{4-x}$的定义域为$(-\infty,4)$.

**※例 5** (2012·广东卷(理))下列函数在区间$(0,+\infty)$上为增函数的是(　　).

A. $y=\ln(x+2)$　　　　B. $y=-\sqrt{x+1}$

C. $y=\left(\dfrac{1}{2}\right)^{x}$　　　　D. $y=x+\dfrac{1}{x}$

**提示**　各函数的图象如图 1-40 所示.

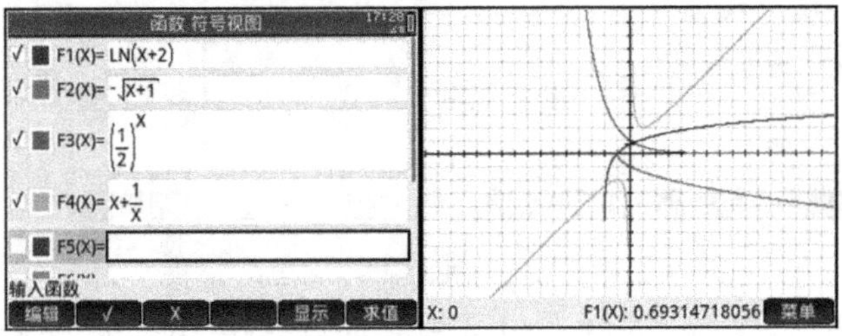


**图 1-40**

**分析说明**　因$y=\ln(x+2)$在区间$(0,+\infty)$上为增函数,故选 A. 观察图象可知,$y=-\sqrt{x+1}$在区间$(0,+\infty)$上为减函数,$y=\left(\dfrac{1}{2}\right)^{x}$在区间$(0,+\infty)$上为减函数,$y=x+\dfrac{1}{x}$在区间$(0,1]$上为减函数.

## 【练习】

1. 函数$f(x)=2^{x}|\log_{0.5}x|-1$的零点个数为__________.

2. 已知函数$f(x)=\lg|x|$.

(1) 判断函数$f(x)$的奇偶性;

(2) 画出函数$f(x)$的草图;

(3) 求证:$f(x)$在$(-\infty,0)$上是减函数.

# 第8节　幂函数

## 【学习目标】

通过用图形计算器作图，进一步理解幂函数及其复合函数的图象与性质.

## 【基本操作】

利用函数功能绘制幂函数图象(图 1-41).

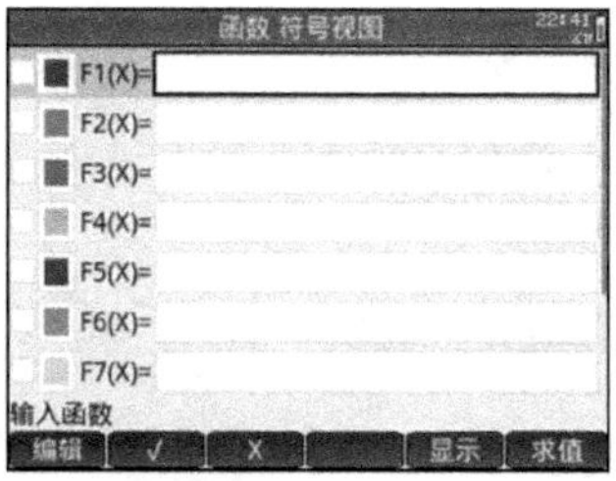


图 1-41

利用 CAS 系统判断函数的趋势和走向(图 1-42).

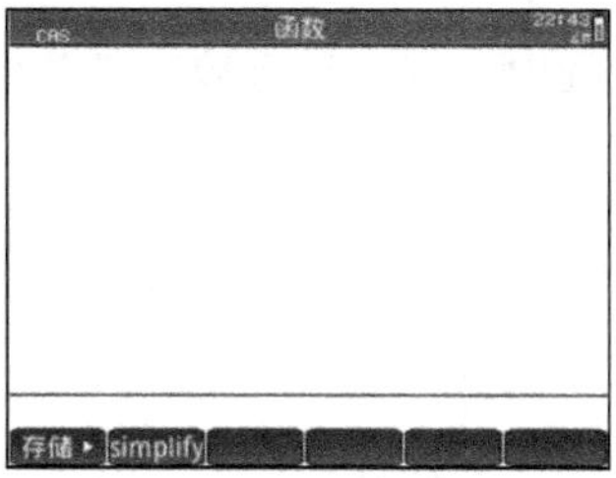


图 1-42

## 【案例解读】

**例 1**　画出函数 $y=x^{\frac{2}{3}}$ 的图象，根据图象说出函数的定义域、值域、单调性和奇偶性.

**提示**　函数图象如图 1-43 所示.

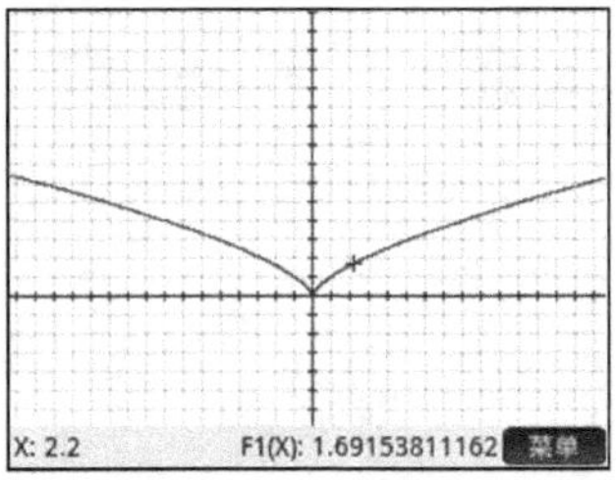


**图 1-43**

**分析说明**　此函数为偶函数，定义域为 **R**，值域为$[0,+\infty)$，在$(-\infty,0]$上单调递减，在$[0,+\infty)$上单调递增.

**例 2**　函数 $y=\sqrt{x}$ 与函数 $y=x^2(x\geqslant 0)$ 有什么关系？它们的图象相互之间有什么关系？

**提示**　函数图象如图 1-44 所示.

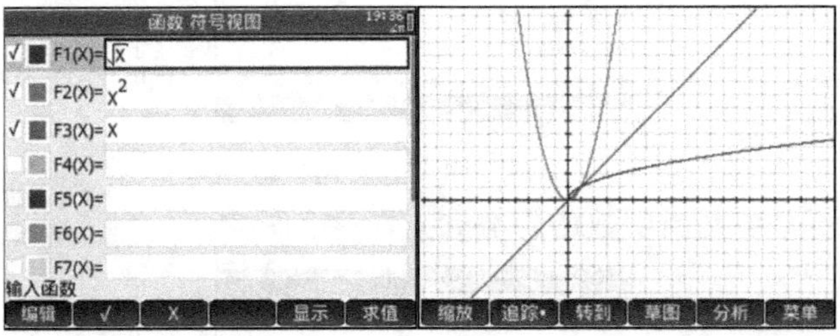


**图 1-44**

**分析说明**　$y=\sqrt{x}$ 与 $y=x^2(x\geqslant 0)$ 互为反函数，它们的图象关于直线 $y=x$ 对称.

**例 3**　分析函数 $y=\dfrac{1}{x^2-1}$ 的性质.

**提示**　函数图象如图 1-45 所示.

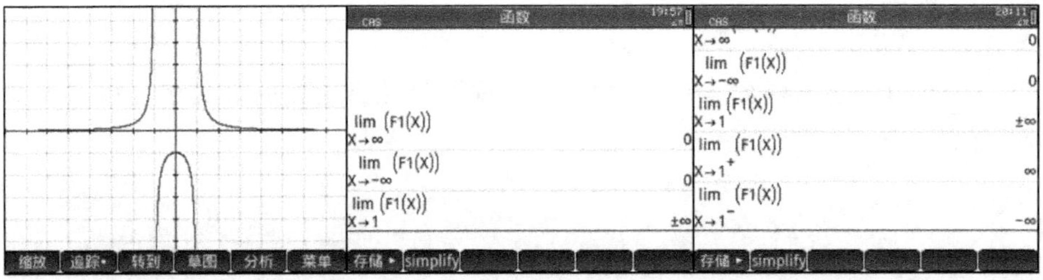


**图 1-45**

**分析说明**　函数 $y=\dfrac{1}{x^2-1}$ 是偶函数，图象关于 $y$ 轴对称；在 $(-\infty,-1)$ 和 $(-1,0]$ 上为增函数，在 $[0,1)$ 和 $(1,+\infty)$ 上为减函数；当 $x\to+\infty$ 时，$y\to0$；当 $x$ 满足 $x^2-1>0$ 时，函数图象在 $x$ 轴上方；当 $x$ 满足 $x^2-1<0$ 时，函数图象在 $x$ 轴下方.

确定幂函数图象的大致形状，需先看指数 $\alpha$ 的正负，然后把 $\alpha$ 化成分数形式，再看函数是否具有奇偶性.

**例 4**　分析函数 $y=x^3+x^2-6x$ 的性质.

**提示**　函数图象如图 1-46 所示.

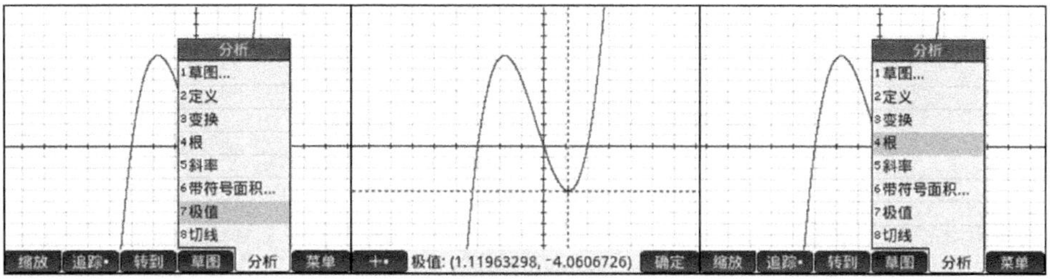


**图 1-46**

**分析说明**　函数 $y=x^3+x^2-6x$ 的零点为 $-3,0,2$；当 $x\to+\infty$ 时，$y\to+\infty$，当 $x\to-\infty$ 时，$y\to-\infty$；此函数既不是奇函数，也不是偶函数；当 $x=\dfrac{-1-\sqrt{19}}{3}$ 时，函数取得极大值，当 $x=\dfrac{-1+\sqrt{19}}{3}$ 时，函数取得极小值；增区间为 $\left(-\infty,\dfrac{-1-\sqrt{19}}{3}\right)$ 和 $\left(\dfrac{-1+\sqrt{19}}{3},+\infty\right)$，减区间为 $\left(\dfrac{-1-\sqrt{19}}{3},\dfrac{-1+\sqrt{19}}{3}\right)$.

## 【学习建议】

1. HP Prime 的 CAS 符号计算系统十分强大，是解决数学问题的重要辅助工具.

2. 对函数性质的探索可以结合函数的应用等进行.

3. 借助图形计算器探索函数性质是一种辅助手段，数学实验后应体会函数性质探索的一般过程和方法，并尝试在不借助图形计算器的情况下探索函数的性质.

**【练习】**

设置滑动条表示参数 $\alpha$，作出函数 $y=x^{\alpha}$ 的图象，改变 $\alpha$ 的取值，观察图象的变化，说出幂函数的性质.

# 第 9 节　双曲函数

## 【学习目标】

双曲函数是一类重要的初等函数，它是由指数函数复合而成的，高考中时常涉及这类函数. 通过使用图形计算器作图与计算，能更好地理解双曲函数的定义、图象和主要性质.

## 【案例解读】

**例 1**　分别画出函数 $y=\mathrm{e}^{x}$，$y=\mathrm{e}^{-x}$，$y=\mathrm{e}^{x}+\mathrm{e}^{-x}$ 和 $y=\dfrac{\mathrm{e}^{x}+\mathrm{e}^{-x}}{2}$ 的图象，并说明它们之间的关系.

**提示**　绘制函数图象的步骤如图 1-47 所示.

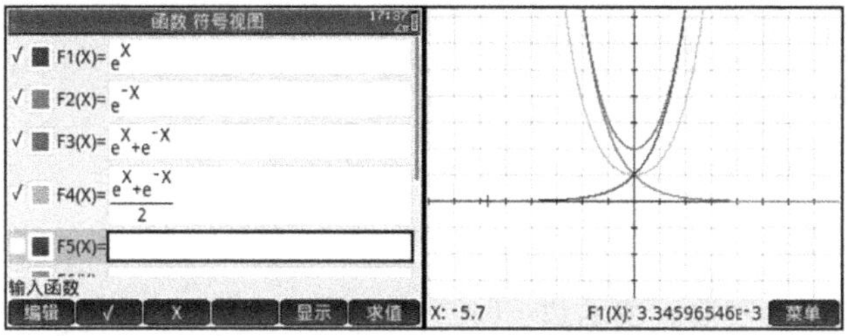


图 1-47

**定义**　称 $\sinh(x)=\dfrac{\mathrm{e}^{x}-\mathrm{e}^{-x}}{2}$ 为双曲正弦函数，$\cosh(x)=\dfrac{\mathrm{e}^{x}+\mathrm{e}^{-x}}{2}$ 为双曲余弦函数，$\tanh(x)=\dfrac{\mathrm{e}^{x}-\mathrm{e}^{-x}}{\mathrm{e}^{x}+\mathrm{e}^{x}}$ 为双曲正切函数，也可以分别记为 sh$x$，ch$x$ 和 th$x$.

**分析说明**　双曲函数和三角函数有些类似的性质，在大学学习的复变函数论中有相关的公式与定理，揭示了双曲函数与三角函数的关系.

**例 2**　画出双曲函数 $y=\sinh(x)$，$y=\cosh(x)$ 和 $y=\tanh(x)$ 的图象，并说明它们的定义域、值域、单调性等主要性质.

**提示** 绘制函数图象的步骤如图 1-48 所示.

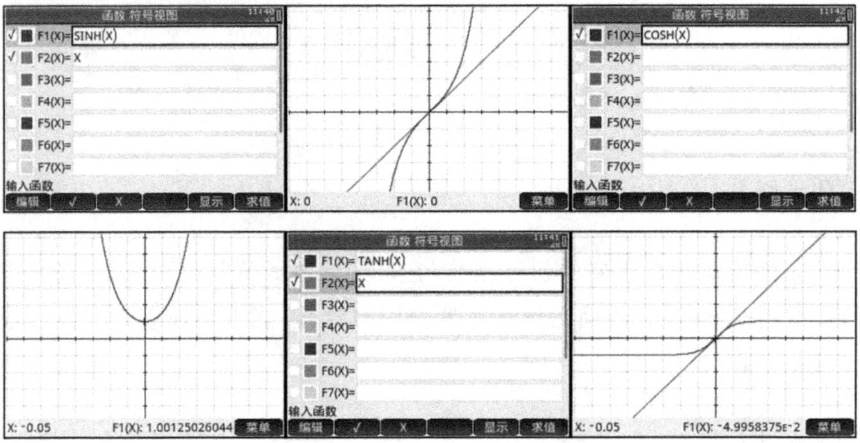


图 1-48

**分析说明** 双曲正弦函数 $y=\sinh(x)$的定义域为 $\mathbf{R}$,值域为 $\mathbf{R}$,在 $\mathbf{R}$ 上单调递增,为奇函数,在 $x=0$ 处的切线方程为 $y=x$;双曲余弦函数 $y=\cosh(x)$的定义域为 $\mathbf{R}$,值域为$[1,+\infty)$,为偶函数,在$(-\infty,0]$上递减,在$[0,+\infty)$上递增;双曲正切函数 $y=\tanh(x)$的定义域为 $\mathbf{R}$,值域为$(-1,1)$,在 $\mathbf{R}$ 上单调递增,为奇函数,在 $x=0$ 处的切线方程为 $y=x$.

**例 3** 设函数 $f(x)=a-\dfrac{2}{2^x+1}(a\in\mathbf{R})$.

(1) 判定函数 $f(x)$的单调性;

(2) 是否存在实数 $a$ 使函数 $f(x)$为奇函数?

**提示** 绘制函数图象的步骤如图 1-49 所示.

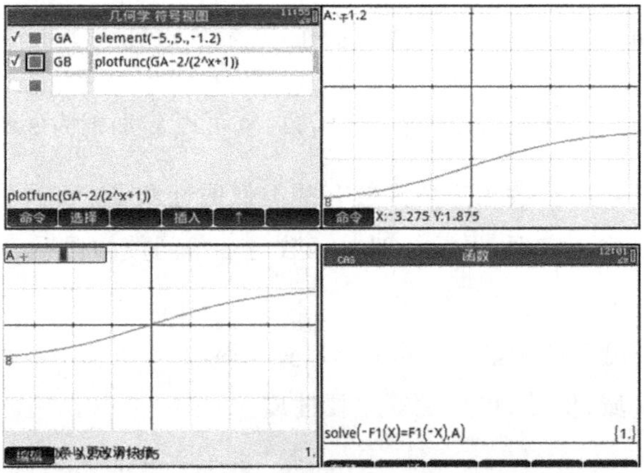


图 1-49

**分析说明**　显然，$y=\dfrac{2}{2^x+1}$是减函数，所以 $y=-\dfrac{2}{2^x+1}$是增函数，从而 $f(x)=a-\dfrac{2}{2^x+1}(a\in\mathbf{R})$是增函数. 由 $f(-x)=-f(x)$得 $a-\dfrac{2}{2^{-x}+1}=-a+\dfrac{2}{2^x+1}$，可求出 $a=1$，这样 $f(x)=\dfrac{2^x-1}{2^x+1}=\dfrac{2^{\frac{x}{2}}-2^{-\frac{x}{2}}}{2^{\frac{x}{2}}+2^{-\frac{x}{2}}}$是双曲正切类型的奇函数.

**例 4**　(2010·重庆卷(理))函数 $f(x)=\dfrac{4^x+1}{2^x}$的图象(　　).

A. 关于原点对称　　B. 关于直线 $y=x$ 对称

C. 关于 $x$ 轴对称　　D. 关于 $y$ 轴对称

**提示**　绘制函数图象的步骤如图 1-50 所示.

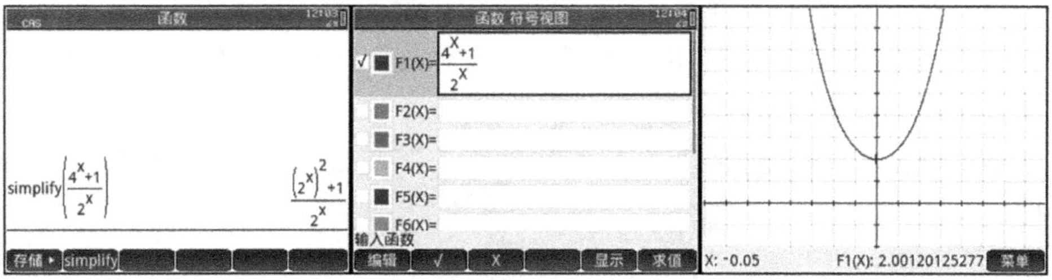


**图 1-50**

**分析说明**　由$\dfrac{4^x+1}{2^x}=2^x+2^{-x}$可知，这是一个双曲余弦类型的函数，因为 $f(x)=2^x+2^{-x}=f(-x)$，所以 $f(x)$为偶函数，选 D. 解题时注意将代数式$\dfrac{4^x+1}{2^x}$转化为 $2^x+2^{-x}$.

## 【练习】

已知函数 $f(x)=\dfrac{2^x-1}{m^x+1}(x\in\mathbf{R})$，且 $f(3)=\dfrac{7}{9}$.

(1) 判断函数 $y=f(x)$在 $\mathbf{R}$ 上的单调性，并给出证明；

(2)若 $f(2\times3^x-2)>f(7-3^x)$，求 $x$ 的取值范围.

# 第 10 节　函数的零点

## 【学习目标】

用图形计算器画出函数的图象，理解函数零点的几何意义；了解大多数函数的零点为无理数，只能求出近似值.

## 【基本操作】

如图 1-51 所示，运用图形计算器中的“函数”应用程序可以快速绘制函数图象，并分析函数的根. 运用 CAS 系统可以对函数值进行精确计算，但部分结果以代数式给出，可以转化为精确解.

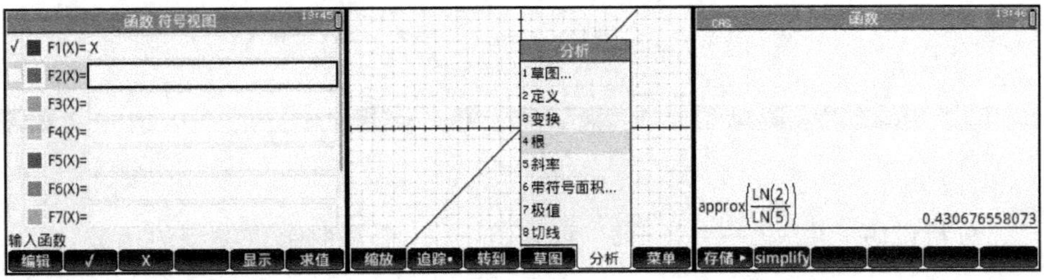


图 1-51

## 【案例解读】

**例 1**　(2012 · 天津卷(理))函数 $f(x)=2^x+x^3-2$ 在区间(0,1)内的零点个数是(　　).

A. 0　　　　B. 1　　　　C. 2　　　　D. 3

提示

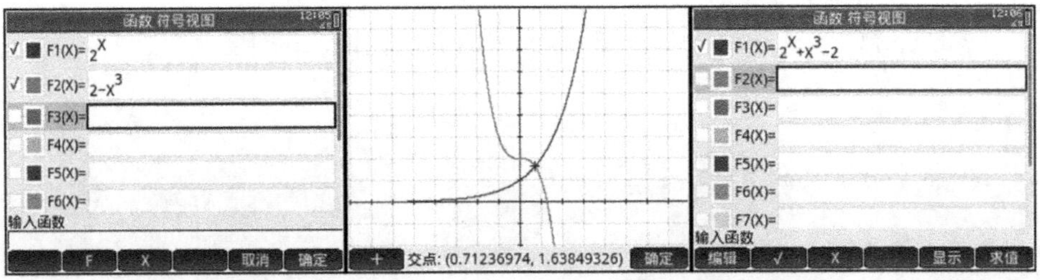

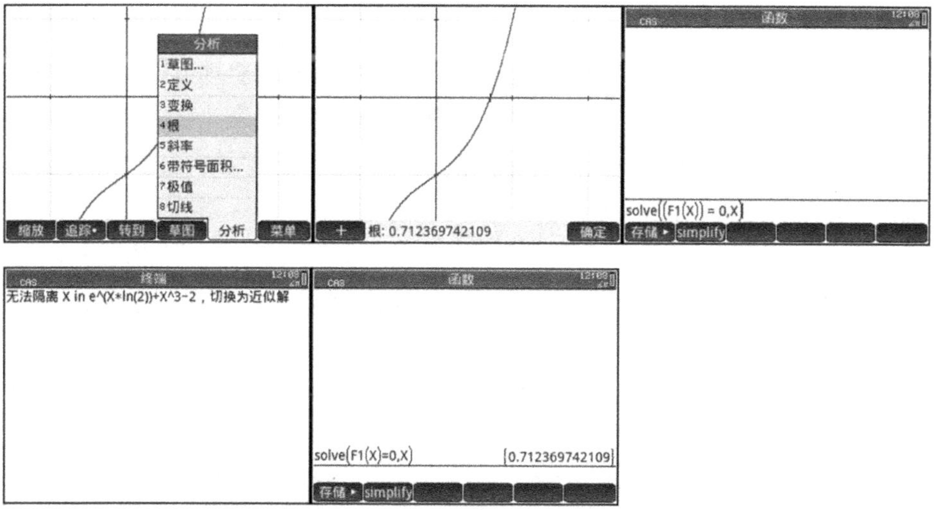


图 1-52

**分析说明**　可将问题转化为求方程 $2^x=2-x^3$ 的根.如图 1-52 所示，在同一坐标系中作出两个函数 $y=2^x$ 和 $y=2-x^3$ 的图象，判断出 $f(x)$在$(0,1)$内的零点个数是 1，可知 B 正确.也可以直接输入函数表达式 $f(x)=2^x+x^3-2$，由图象看出 $f(x)$在$(0,1)$内有 1 个零点.还可以直接求出函数的零点，再结合$f(0)\cdot f(1)<0$ 与函数 $f(x)$的连续性和单调性判断 $f(x)$在$(0,1)$内仅有 1 个零点.

**例 2**　求函数 $f(x)=x^5-x^3-5x^2+5$ 的零点.

**提示**　绘制函数图象的步骤如图 1-53 所示.

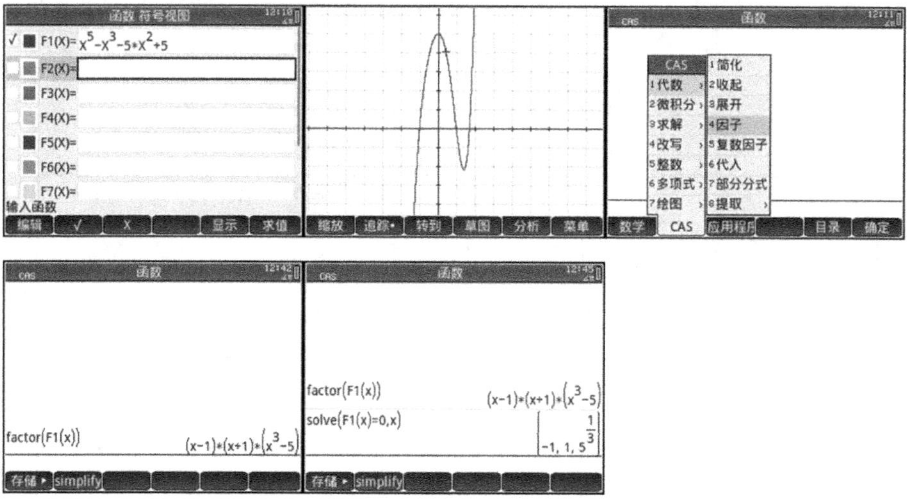


图 1-53

**分析说明** 由 $x^5-x^3-5x^2+5=0$ 可得 $(x+1)(x-1)(x^3-5)=0$，所以能求出此函数的零点为 $x=-1$，$x=1$ 和 $x=\sqrt[3]{5}$，这和函数图象及由图形计算器得出的结果完全相符. 信息技术的一个作用就是可以验证理论计算的结果是否正确，图形计算器显示还有一个方程 $x^2+5^{\frac{1}{3}}x+5^{\frac{2}{3}}=0$，它有两个虚数根，在复数范围内，五次方程应有 5 个根.

**例 3** 用图形计算器求方程 $x^4-4x-2=0$ 的实根.

**提示** 求根的步骤如图 1-54 所示.

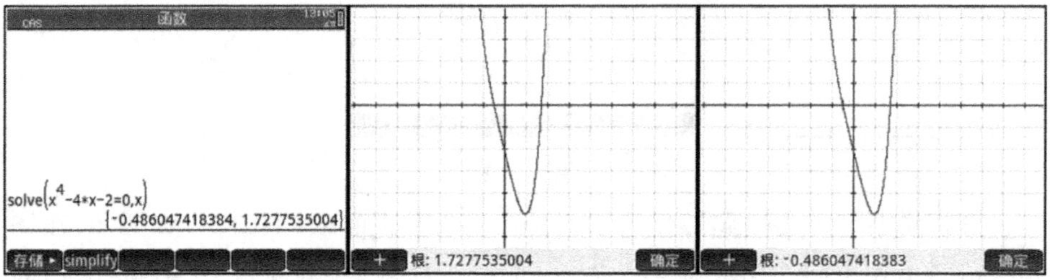


图 1-54

**分析说明** 由 $f(-1)>0$ 且 $f(0)<0$ 知此方程在 $[-1,0]$ 上至少有一个根，由 $f(2)>0$ 且 $f(1)<0$ 知此方程在 $[1,2]$ 上至少有一个根. 一般代数方程的根多是无理数，用图形计算器可以求出两个根 $x_1=-0.486\ 047$，$x_2=1.727\ 753\ 5$.

**例 4** 用二分法求函数 $f(x)=x^3-3$ 的一个零点(精确到 0.1).

**解** 由于 $f(0)=-3<0$，$f(1)=-2<0$，$f(2)=5>0$，故可取区间 $(1,2)$ 作为计算的初始区间.

用二分法逐次计算，结果填在表 1-1 中.

**表 1-1 二分法逐次计算的结果**

| 区间 | 中点的值 | 中点函数值(或近似值) |
|---|---|---|
| (1,2) | 1.5 | |
| | | |
| | | |
| | | |
| | | |
| | | |
| (1.437 5,1.453 125) | 1.445 313 | |

因为 1.437 5 和 1.445 313 精确到 0.1 的近似值都是 1.4，所以 $f(x)$ 的零点的近似值为 1.4.

**分析说明**　用二分法求函数零点的近似值关键有两点：一是初始区间的选取既要符合条件(包括零点)，又要使其长度尽量小；二是进行精确度的判断，以决定是停止计算还是继续计算.

**例 5**　函数 $f(x)=\log_3 x-\dfrac{3}{2x}$ 在区间 $[1,3]$ 内有零点，则用二分法判断含有零点的区间为________.

① $[1,2]$；② $\left[2,\dfrac{5}{2}\right]$；③ $\left[\dfrac{5}{2},3\right]$.

**提示**　各点的函数值如图 1-55 所示.

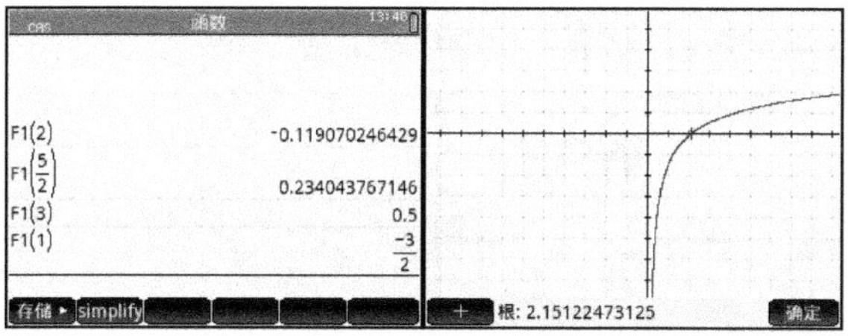


**图 1-55**

**答案**　②.

**解析**　$f(1)=-\dfrac{3}{2}<0$，$f(3)=\dfrac{1}{2}>0$，$f(2)=\log_3 2-\dfrac{3}{4}=\log_3 2-\log_3 3^{\frac{3}{4}}=\log_3 \dfrac{2}{\sqrt[4]{3^3}}=\log_3 \sqrt[4]{\dfrac{16}{27}}<0$，$f\left(\dfrac{5}{2}\right)=\log_3 \dfrac{5}{2}-\dfrac{3}{5}=\log_3 \dfrac{5}{2}-\log_3 3^{\frac{3}{5}}=\log_3 \dfrac{5}{2\sqrt[5]{27}}>\log_3 \dfrac{5}{2\sqrt[5]{32}}=\log_3 \dfrac{5}{4}>0$，因此，函数 $f(x)$ 的零点在区间 $\left[2,\dfrac{5}{2}\right]$ 内.

## 【练习】

用二分法求方程 $x^2-2=0(x>0)$ 的近似解.

# 第11节　极大值与极小值

## 【学习目标】

1. 能根据极值点与极值的情况求参数范围.
2. 会利用极值解决方程的根与函数图象的交点个数问题.

## 【基本操作】

如图1-56所示,在"函数"应用程序的"绘图"视图中,可以选择"分析"菜单中的"极值"计算函数的极值.结合极值的概念,HP Prime会就近寻找函数的极值点.

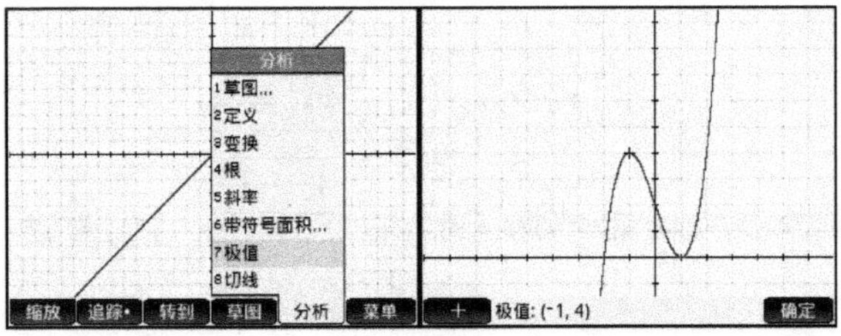


图1-56

在"几何学"应用程序中,可以运用滑动条设置变化的参数,观察图象的变化.

## 【案例解读】

**例1**　若函数 $f(x)=\frac{1}{3}x^3-x^2+ax-1$ 有极值点,则实数 $a$ 的取值范围为________.

**提示**　绘制函数图象的步骤如图1-57所示.

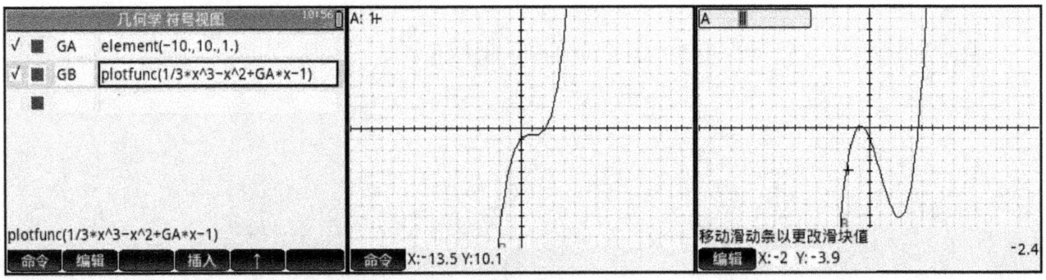


图1-57

**答案**　$(-\infty,1)$.

**解析**　$f'(x)=x^2-2x+a$，由题意，得方程 $x^2-2x+a=0$ 有两个不同的实数根，所以 $\Delta=4-4a>0$，解得 $a<1$.

## 引申探究

1. 若本例中函数 $f(x)$ 的极大值点是 $-1$，求 $a$ 的值.

**解**　$f'(x)=x^2-2x+a$.

由题意得 $f'(-1)=1+2+a=0$，解得 $a=-3$，

则 $f'(x)=x^2-2x-3$.

经验证可知，$f(x)$ 在 $x=-1$ 处取得极大值.

2. 若本例中函数 $f(x)$ 有两个极值点，且均为正值，求 $a$ 的取值范围.

**解**　由题意，得方程 $x^2-2x+a=0$ 有两个不等正根，设为 $x_1,x_2$.

则 $\begin{cases}\Delta=4-4a>0,\\ x_1+x_2=2>0,\\ x_1x_2=a>0,\end{cases}$

解得 $0<a<1$.

故 $a$ 的取值范围是 $(0,1)$.

**分析说明**　函数的极值与极值点的问题应转化为方程 $f'(x)=0$ 的根的问题. 导数 $f'(x)$ 的图象如图 1-58 所示.

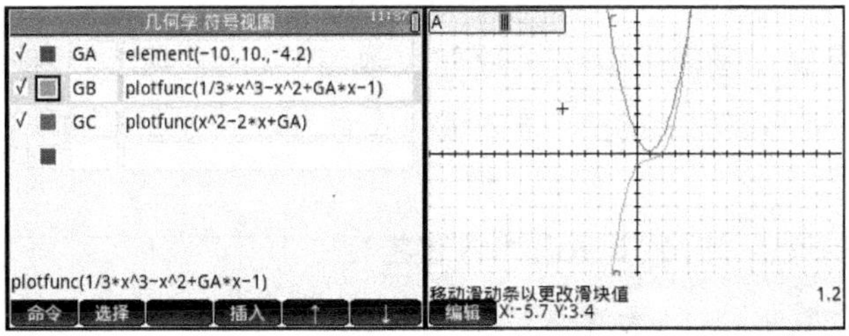


图 1-58

**例 2**　已知函数 $f(x)=x^3-6x^2+9x+3$，若函数 $y=f(x)$ 的图象与 $y=\frac{1}{3}f'(x)+5x+m$ 的图象有三个不同的交点，求实数 $m$ 的取值范围.

**考点**　函数极值的综合应用.

**解**　由 $f(x)=x^3-6x^2+9x+3$，可得 $f'(x)=3x^2-12x+9$，则

$\frac{1}{3}f'(x)+5x+m=\frac{1}{3}(3x^2-12x+9)+5x+m=x^2+x+3+m.$

由题意可得 $x^3-6x^2+9x+3=x^2+x+3+m$ 有三个不相等的实根，即 $g(x)=x^3-7x^2+8x-m$ 的图象与 $x$ 轴有三个不同的交点.

$g'(x)=3x^2-14x+8=(3x-2)(x-4)$，令 $g'(x)=0$，得 $x=\frac{2}{3}$ 或 $x=4$.

当 $x$ 变化时，$g(x)$，$g'(x)$的变化情况如表 1-2 所示：

**表 1-2　函数极值的判断**

| $x$ | $\left(-\infty,\frac{2}{3}\right)$ | $\frac{2}{3}$ | $\left(\frac{2}{3},4\right)$ | 4 | $(4,+\infty)$ |
|---|---|---|---|---|---|
| $g'(x)$ | + | 0 | − | 0 | + |
| $g(x)$ | ↗ | 极大值 | ↘ | 极小值 | ↗ |

则函数 $g(x)$的极大值为 $g\left(\frac{2}{3}\right)=\frac{68}{27}-m$，极小值为 $g(4)=-16-m$.

由 $y=f(x)$的图象与 $y=\frac{1}{3}f'(x)+5x+m$ 的图象有三个不同的交点，

得$\begin{cases}g\left(\frac{2}{3}\right)=\frac{68}{27}-m>0,\\ g(4)=-16-m<0,\end{cases}$ 解得$-16<m<\frac{68}{27}$.

即实数 $m$ 的取值范围为$\left(-16,\frac{68}{27}\right)$.

**分析说明**　如图 1-59 所示，利用导数可以判断函数的单调性，研究函数的极值情况，并能在此基础上画出函数的大致图象，从直观上判断函数图象与 $x$ 轴的交点或两个函数图象的交点的个数，从而为研究方程根的个数问题提供了方便.

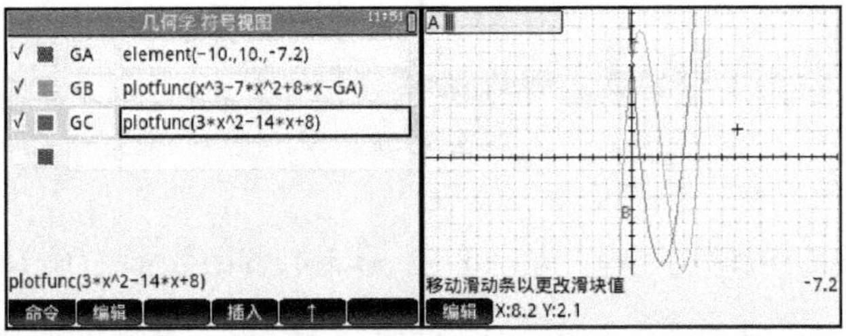


**图 1-59**

**例 3**　已知函数 $f(x)=x(\ln x-ax)$有两个极值点，则实数 $a$ 的取值范围是__________.

**答案**　$\left(0,\frac{1}{2}\right)$.

**提示**　绘制函数图象的步骤如图 1-60 所示.

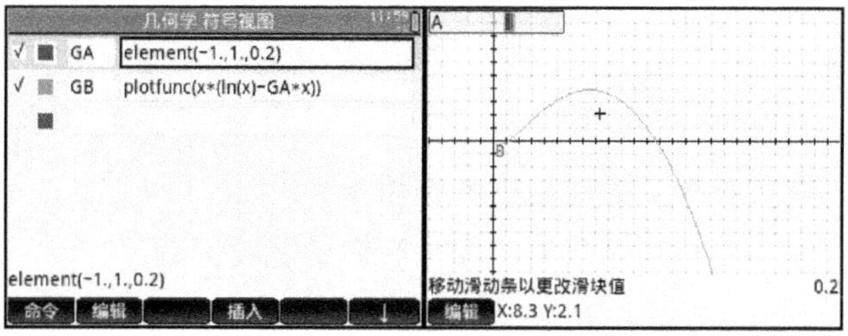


图 1-60

**解析**　$f'(x)=(\ln x-ax)+x\left(\frac{1}{x}-a\right)=\ln x+1-2ax(x>0)$.

令 $f'(x)=0$,得 $2a=\frac{\ln x+1}{x}$,设 $\varphi(x)=\frac{\ln x+1}{x}$,则 $\varphi'(x)=\frac{-\ln x}{x^2}$.

易知 $\varphi(x)$在$(0,1)$上单调递增,在$(1,+\infty)$上单调递减,图象大致如下(图 1-61).

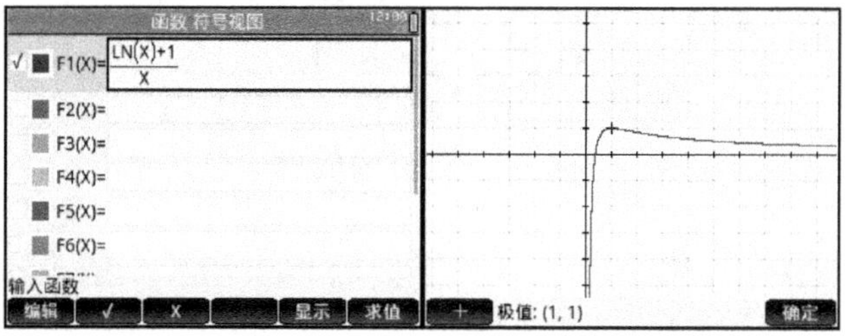


图 1-61

若 $f(x)$有两个极值点,则 $y=2a$ 和 $y=\varphi(x)$的图象有两个交点.

所以 $0<2a<1$,即 $0<a<\frac{1}{2}$.

## 【练习】

若函数 $f(x)=\frac{1}{3}x^3-4x+4$ 的图象与直线 $y=a$ 恰有三个不同的交点,则实数 $a$ 的取值范围是__________.

# 第 12 节　导数在实际生活中的应用

## 【学习目标】

1. 了解导数在解决实际问题中的作用.
2. 掌握利用导数解决简单的实际生活中的优化问题.

## 【学习建议】

1. 生活中经常遇到求用料最省、利润最大、效率最高等问题，这些问题通常称为优化问题.

2. 利用导数解决优化问题的实质是求函数的最值.

3. 解决优化问题的基本思路：

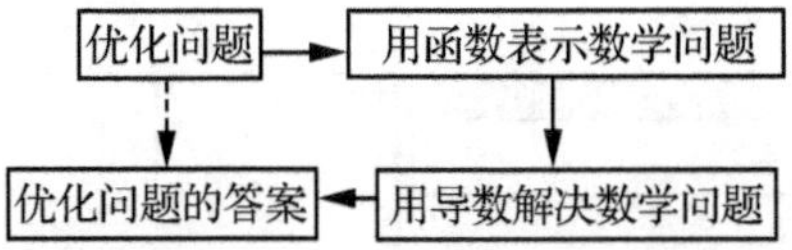


上述解决优化问题的过程是一个典型的数学建模过程.

## 【案例解读】

**例 1**　请你设计一个包装盒，如图 1-62 所示，$ABCD$ 是边长为 60 cm 的正方形硬纸片，切去阴影部分所示的四个全等的等腰直角三角形，再沿虚线折起，使得 $A$，$B$，$C$，$D$ 四个点重合于图中的点 $P$，正好形成一个正四棱柱形状的包装盒. 点 $E$，$F$ 在边 $AB$ 上，是被切去的一个等腰直角三角形斜边的两个端点. 设 $AE=FB=x$(cm).

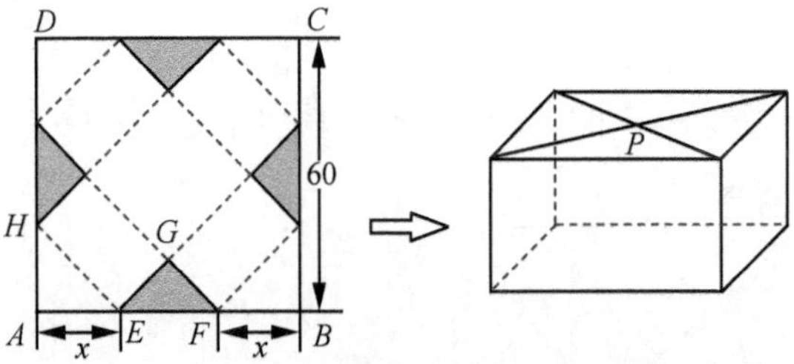


**图 1-62**

某厂商要求包装盒的容积 $V(\mathrm{cm}^3)$ 最大，试问 $x$ 应取何值？并求出此时包装盒的高与底面边长的比值.

**解** $\because V(x)=(\sqrt{2}x)^2\times(60-2x)\times\frac{\sqrt{2}}{2}$

$$=\sqrt{2}x^2\times(60-2x)=-2\sqrt{2}x^3+60\sqrt{2}x^2(0<x<30),$$

($V(x)$的图象如图 1-63 所示)

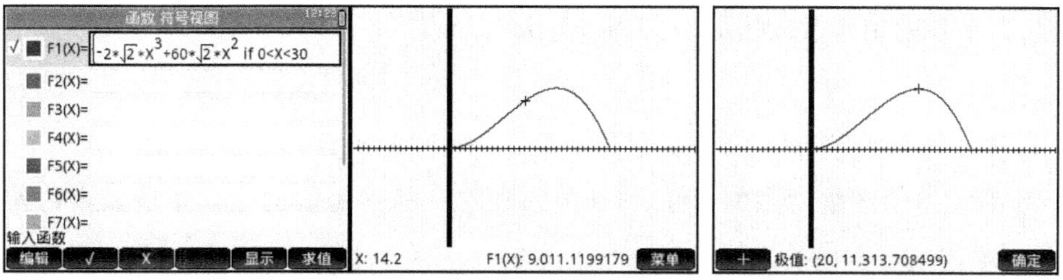


**图 1-63**

$\therefore V'(x)=-6\sqrt{2}x^2+120\sqrt{2}x=-6\sqrt{2}x(x-20)$.

令 $V'(x)=0$，得 $x=0$(舍去)或 $x=20$.

$\because$ 当 $0<x<20$ 时，$V'(x)>0$；当 $20<x<30$ 时，$V'(x)<0$.

$\therefore V(x)$在 $x=20$ 时取得极大值，也是唯一的极值.

高为$\sqrt{2}(30-x)=10\sqrt{2}(\mathrm{cm})$，底面边长为$\sqrt{2}x=20\sqrt{2}(\mathrm{cm})$，即高与底面边长的比值为$\frac{1}{2}$.

## 引申探究

本例条件不变，若要求包装盒的侧面积 $S(\mathrm{cm}^2)$ 最大，试问 $x$ 应取何值？

**解** $\because AE=x$，$\therefore HE=\sqrt{2}x$.

$\because EF=60-2x$，

$\therefore EG=\frac{\sqrt{2}}{2}EF=\frac{\sqrt{2}}{2}(60-2x)=\sqrt{2}(30-x)$.

$\therefore S_{侧}=4\times HE\times EG=4\times\sqrt{2}x\times\sqrt{2}(30-x)$

$$=8x(30-x)=-8x^2+240x$$

$$=-8(x-15)^2+8\times15^2.$$

$\therefore$ 当 $x=15$ 时，$S_{侧}$ 最大，为 1 800 $\mathrm{cm}^2$.

**分析说明** 对于面积、体积(容积)最大，周长最短，距离最小等实际几何问题，求解时先设出恰当的变量，将待求解最值的问题表示为变量的函数，再按函数求最值的方法求解，最后检验.

**例 2** 已知一家公司生产某种品牌服装的年固定成本为 10 万元，每生产 1 千件需另投入 2.7 万元. 设该公司一年内生产该品牌服装 $x$ 千件并全部销售完，每千件的销售收入为 $R(x)$ 万元，且 $R(x)=\begin{cases}10.8-\dfrac{x^2}{30}, & 0<x\leqslant 10,\\ \dfrac{108}{x}-\dfrac{1\,000}{3x^2}, & x>10.\end{cases}$

(1) 求年利润 $W$(万元)关于年产量 $x$(千件)的函数解析式.

(2) 当年产量为多少千件时，该公司在这一品牌服装的生产中所获得的年利润最大？并求出最大值.

**提示** 如图 1-64 所示，在“函数”应用程序中输入相应函数.

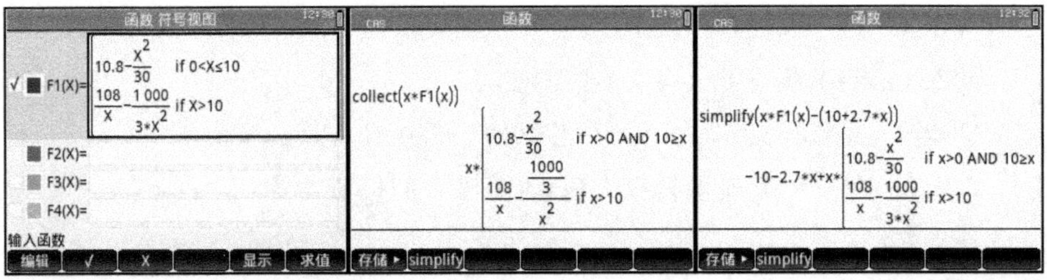


**图 1-64**

**解** (1) 当 $0<x\leqslant 10$ 时，$W=xR(x)-(10+2.7x)=8.1x-\dfrac{x^3}{30}-10$；

当 $x>10$ 时，$W=xR(x)-(10+2.7x)=98-\dfrac{1\,000}{3x}-2.7x$.

所以 $W=\begin{cases}8.1x-\dfrac{x^3}{30}-10, & 0<x\leqslant 10,\\ 98-\dfrac{1\,000}{3x}-2.7x, & x>10.\end{cases}$

(2) 当 $0<x\leqslant 10$ 时，令 $W'=8.1-\dfrac{x^2}{10}=0$，得 $x=9$.

当 $0<x<9$ 时，$W$ 单调递增；当 $9<x<10$ 时，$W$ 单调递减.

所以当 $x=9$ 时，$W_{\max}=38.6$.

当 $x>10$ 时，令 $W'=-2.7+\dfrac{1\,000}{3x^2}=0$，得 $x=\dfrac{100}{9}$；

当 $10<x<\dfrac{100}{9}$ 时，$W'>0$；当 $x>\dfrac{100}{9}$ 时，$W'<0$.

所以当 $x=\frac{100}{9}$ 时，$W_{max}=38<38.6$.

所以当年产量为 9 千件时，该公司在这一品牌服装的生产中所获得的年利润最大，最大利润为 38.6 万元.

**分析说明**　解决此类有关利润的实际应用题时，应灵活运用题设条件，建立利润的函数关系. 常见的基本等量关系有：

(1) 利润＝收入－成本.

(2) 利润＝每件产品的利润×销售件数.

## 【练习】

某地建一座桥，两端的桥墩已建好，这两个桥墩相距 $m$ 米，余下工程只需建两端桥墩之间的桥面和桥墩. 经测算，一个桥墩的工程费用为 256 万元；距离为 $x$ 米的相邻两墩之间的桥面工程费用为 $(2+\sqrt{x})x$ 万元. 假设桥墩等距离分布，所有桥墩都视为点，且不考虑其他因素，记余下工程的费用为 $y$ 万元.

(1) 试写出 $y$ 关于 $x$ 的函数关系式；

(2) 当 $m=640$ 米时，需新建多少个桥墩才能使 $y$ 最小？

# 第二章 三角函数与解三角形

## 第1节 三角函数的定义与计算

### 【学习目标】

通过用图形计算器求三角函数的值,理解三角函数的定义,熟悉有关的三角公式.

### 【案例解读】

**例 1** 分别求 $\sin\alpha$,$\cos\alpha$,$\tan\alpha$ 的值:

(1) $\alpha=0,\frac{\pi}{2},\pi,\frac{3\pi}{2}$;　　(2) $\alpha=\frac{2\pi}{3},\frac{5\pi}{6}$.

**提示** 计算结果如图 2-1 所示.

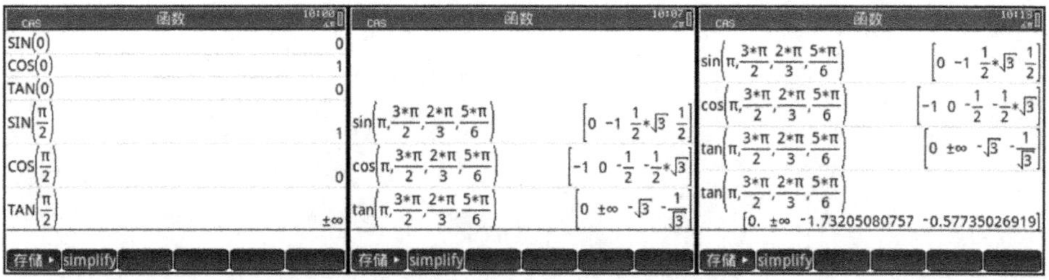


图 2-1

**分析说明** 将计算器模式调到弧度制,可以直接计算出所求的函数值.对于 $\tan\frac{\pi}{2}$和 $\tan\frac{3\pi}{2}$,计算器显示无定义,其函数值不存在.对于特殊的角度,计算器可以显示用根号表示的准确值，按 Shift 键和 Enter 键，可显示近似值.

**例 2**　已知 $\sin\alpha=-\dfrac{1}{2}$，$\cos\alpha=-\dfrac{\sqrt{3}}{2}$，求 $\alpha$ 的终边与以原点为圆心、2 为半径的圆的交点坐标.

**提示**　计算结果如图 2-2 所示.

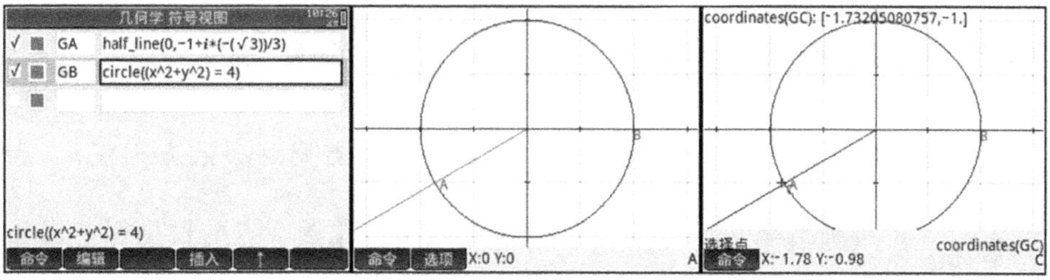


**图 2-2**

**分析说明**　角 $\alpha$ 的终边是射线，方程为 $y=\dfrac{\sqrt{3}}{3}x(x\leqslant 0)$，圆的方程为 $x^2+y^2=4$，画出对应的函数图象后，可以测出交点的坐标是 $(-\sqrt{3},-1)$. 牢记公式 $\begin{cases}x=r\cos\alpha,\\ y=r\sin\alpha.\end{cases}$

**例 3**　取 $x=1,2,3$ 各值，验证公式 $\sin^2 x+\cos^2 x=1$ 成立；若 $\sin\alpha=0.8$，且 $\alpha$ 为第一象限角，求 $\cos\alpha$，$\tan\alpha$，$\cot\alpha$，$\sec\alpha$ 和 $\csc\alpha$ 的值.

**提示**　计算结果如图 2-3 所示.

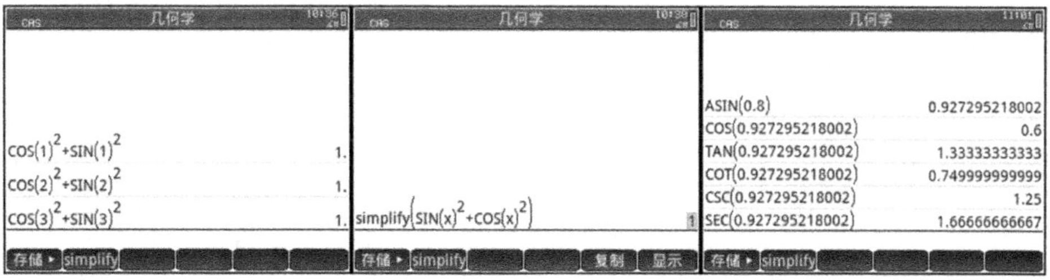


**图 2-3**

**分析说明**　若 $\sin\alpha=0.8$，则 $\cos\alpha=0.6$，$\tan\alpha=\dfrac{4}{3}$，$\cot\alpha=0.75$，$\sec\alpha=\dfrac{5}{3}$. 此处是用计算器先求出角 $\alpha$ 的值，然后再求出其余的几个三角函数值.

**例 4** 求由原点出发的射线与 $x$ 轴正方向所成角的正弦值、余弦值.

**提示** 计算结果如图 2-4 所示.

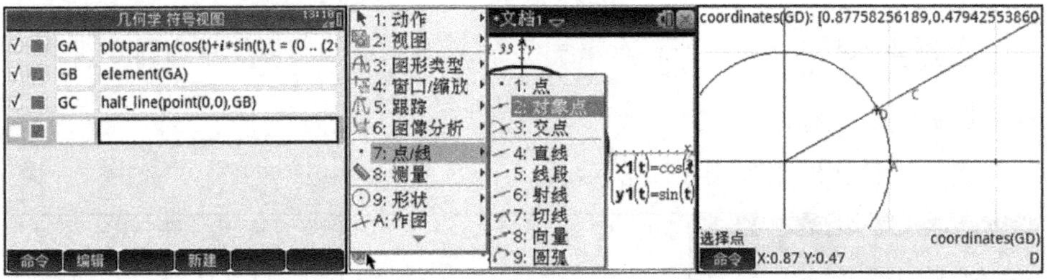


**图 2-4**

**分析说明** 由于 $\sin^2 t+\cos^2 t=1$，所以将计算器调到参数方程模式，令 $\begin{cases}x=\cos t,\\ y=\sin t\end{cases}$ 即可画出单位圆. 由原点出发的射线与单位圆交点的横坐标与纵坐标即为所成角的余弦值和正弦值.

# 第 2 节　同角三角函数的基本关系式

## 【学习目标】

使用图形计算器解三角函数相关习题，理解、熟悉同角三角函数的基本关系式，并掌握此类问题的基本解题方法.

## 【案例解读】

**例 1**　用图形计算器 CAS 推导同角三角函数的基本关系式.

**提示**

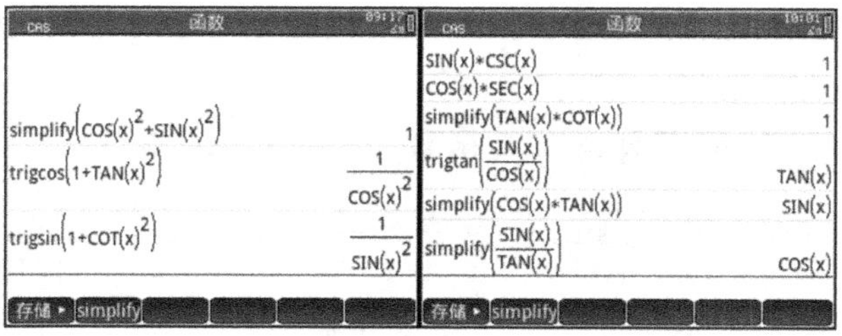


图 2-5

**分析说明**　图形计算器具有代数运算功能，在计算器页面上，可以进行许多同角三角函数关系式的变形、化简与计算，如图 2-5 所示. 利用计算器运算，可以熟悉、理解、探索并发现更多的三角函数公式.

**例 2**　化简下列各式：

(1) $\dfrac{\sin x-\cos x}{\tan x-1}$；　　(2) $\sin x\cos x(\tan x+\cot x)$.

**提示**　化简结果如图 2-6 所示.

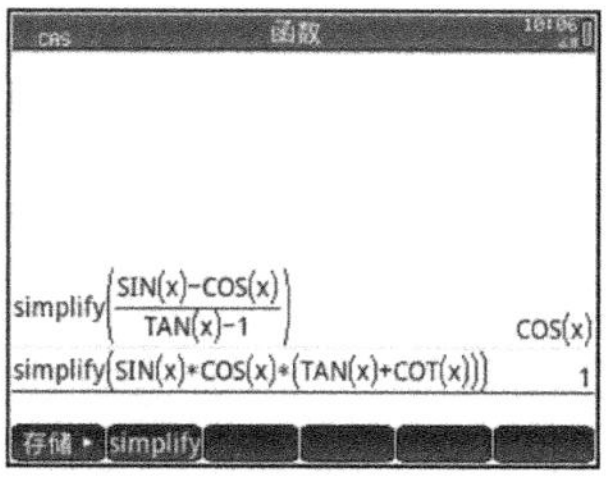


图 2-6

**分析说明** 图形计算器的代数系统具有三角式的辅助角计算、和差化积等运算功能.对于某些直接计算不能得出结果的三角式,可以尝试用此三角运算功能进行化简与运算.

**例 3** 已知 $\tan\alpha=-4$,求下列各式的值:

(1) $\sin^2\alpha$; (2) $3\sin\alpha\cos\alpha$; (3) $\cos^2\alpha-\sin^2\alpha$; (4) $\dfrac{4\sin\alpha-2\cos\alpha}{5\cos\alpha+3\sin\alpha}$.

**提示** 计算结果如图 2-7 所示.

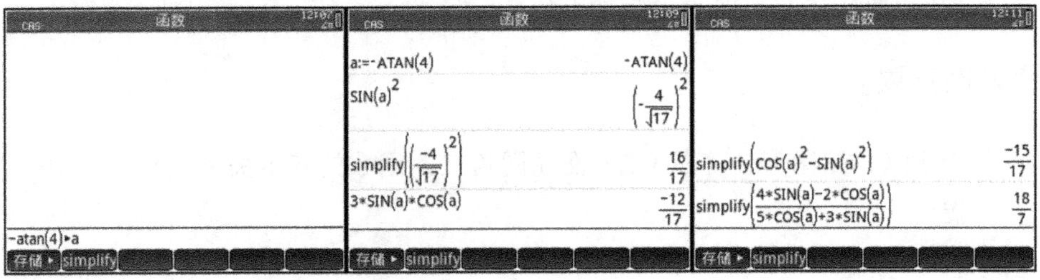


图 2-7

**分析说明** 三角函数也有反函数,$y=\arcsin x$ 是 $y=\sin x$ 的反函数,$\arcsin x$ 表示一个角.例如,$\sin\dfrac{\pi}{6}=\dfrac{1}{2}\Leftrightarrow\dfrac{\pi}{6}=\arcsin\dfrac{1}{2}$.图形计算器中用 $\sin^{-1}(x)$表示 $\arcsin x$,$\sin^{-1}(x)\neq\dfrac{1}{\sin(x)}$.本题先定义角 $\alpha=\arctan(-4)$,然后再计算 $\alpha$ 的三角函数值,这种解法不同于常规教学的逻辑推理运算方法.

**【练习】**

已知 $\sin\alpha-\cos\alpha=-\dfrac{\sqrt{5}}{5}$,$180°<\alpha<270°$,求 $\tan\alpha$ 的值.

# 第3节　三角函数的诱导公式与求值

## 【学习目标】

通过用图形计算器求值,熟悉三角函数的诱导公式.

## 【案例解读】

**例1**　求下列三角函数值,并验证相关的诱导公式:

(1) $\sin 380°21'$;　(2) $\cos 420°10'$;　(3) $\tan(-34°)$.

**提示**　计算结果如图2-8所示.

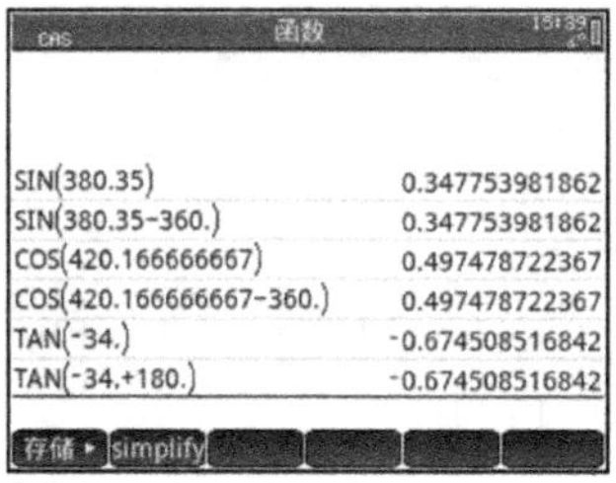


**图2-8**

**分析说明**　牢记公式.对于 $k\in \mathbf{Z}$, $\sin(\alpha+k\cdot 360°)=\sin\alpha$, $\cos(\alpha+k\cdot 360°)=\cos\alpha$, $\tan(\alpha+k\cdot 180°)=\tan\alpha$.另外, $\sin(\alpha+k\cdot\pi)=(-1)^k\sin\alpha$.

**例2**　求下列三角函数值,并用图形计算器加以验证:

(1) $\sin\left(-\dfrac{11\pi}{6}\right)$;　(2) $\cos\left(-\dfrac{17\pi}{3}\right)$;　(3) $\tan\left(-\dfrac{31\pi}{4}\right)$.

**提示**　计算结果如图2-9所示.

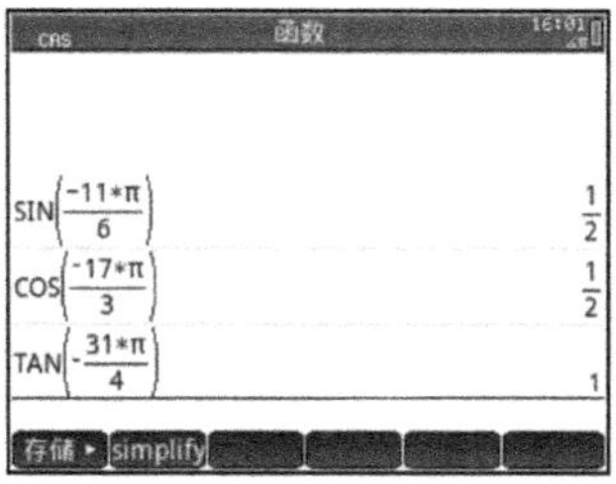


**图2-9**

**分析说明** 应记住 $0,\frac{\pi}{6},\frac{\pi}{4},\frac{\pi}{3}$ 和 $\frac{\pi}{2}$ 等特殊角的三角函数值. 由于 $y=\sin x$ 和 $y=\cos x$ 的最小正周期是 $2\pi$,所以求度数较大的正弦、余弦函数值时,首先要考虑加、减 $2\pi$ 的整数倍. 因 $y=\tan x$ 的最小正周期是 $\pi$,故对于正切函数,角 $x$ 加上或减去 $\pi$ 的整数倍,它的函数值不变.

**例 3** 化简 $\dfrac{\cos(\alpha-\pi)\tan(\alpha-2\pi)\tan(2\pi-\alpha)}{\sin(\pi+\alpha)}$.

**提示** 化简结果如图 2-10 所示.

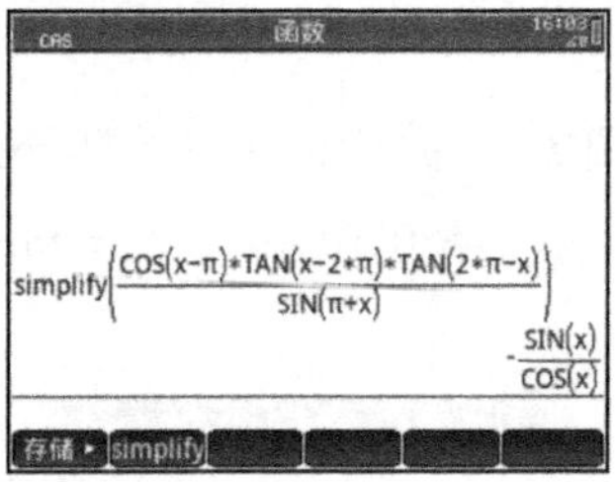


图 2-10

**例 4** 求 $\tan10^\circ\tan20^\circ\tan30^\circ\tan45^\circ\tan60^\circ\tan70^\circ\tan80^\circ$ 的值.

**提示** 计算结果如图 2-11 所示.

图 2-11

**分析说明** 注意公式 $\tan\alpha\tan(90^\circ-\alpha)=\tan\alpha\cot\alpha=1$.

**例 5** 发现公式 $\sin\left(\frac{\pi}{2}-x\right)=\sin\left(\frac{\pi}{2}+x\right)$.

提示

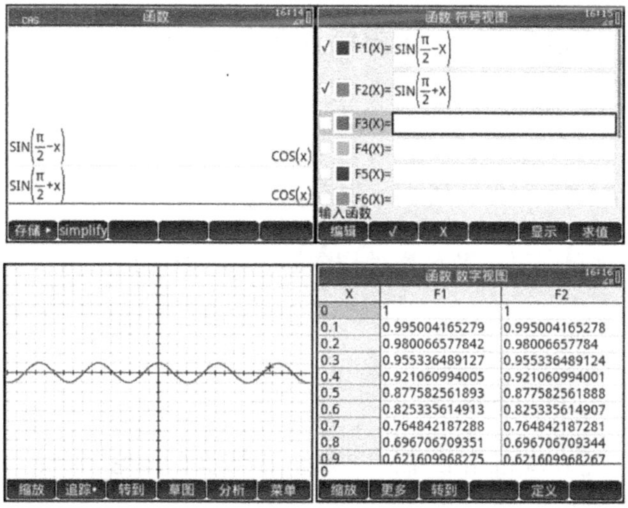


**图 2-12**

**分析说明**　用图形计算器计算 $\sin 87^\circ$，$\sin 88^\circ$，$\sin 89^\circ$，$\sin 91^\circ$，$\sin 92^\circ$，$\sin 93^\circ$ 的值，可以发现公式 $\sin(90^\circ - x) = \sin(90^\circ + x)$，用图形计算器能直接得到公式. 也可以画出函数图象（图 2-12），显示出两个函数的函数值表，看出它们的图象和对应的函数值完全相等.

## 【练习】

用图形计算器推导诱导公式.

# 第 4 节　正弦函数的图象和性质

## 【学习目标】

用图形计算器画出正弦函数的图象，进一步理解正弦函数图象的形状与性质.

## 【案例解读】

**例 1**　在$[0,2\pi]$上作出下列函数的图象，并观察它们与函数 $y=\sin x$ 的图象之间的关系.

(1) $y=1+\sin x$；　(2) $y=-\sin x$；　(3) $y=1-\sin x$.

**提示**　函数图象如图 2-13 所示.

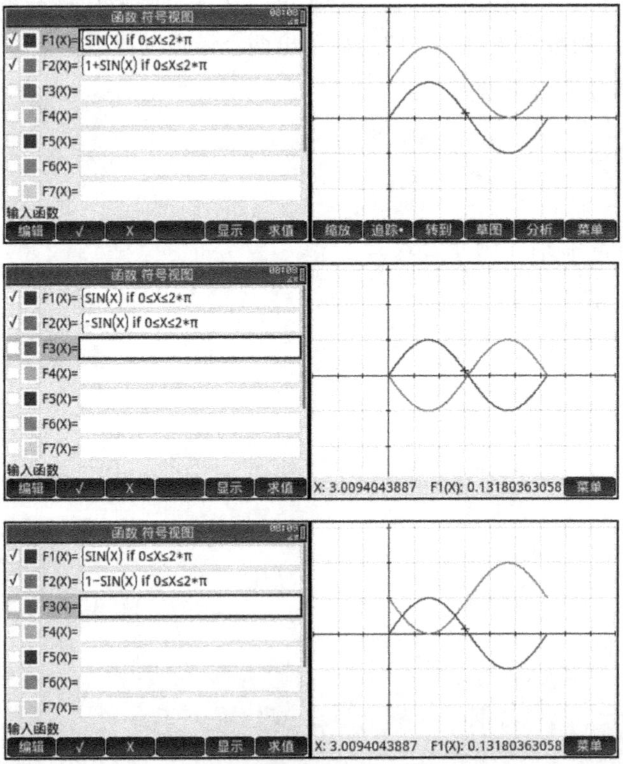


图 2-13

**分析说明** 由于函数是限制在区间$[0,2\pi]$上的，所以在输入表达式时要注意变量的范围，窗口也需做相应调整.

**✲例 2** 在$[-2\pi,2\pi]$上作出函数 $y=|\sin x|$ 和 $y=\sin|x|$ 的图象，并观察它们与函数 $y=\sin x$ 的图象之间的关系.

**提示** 函数图象如图 2-14 所示.

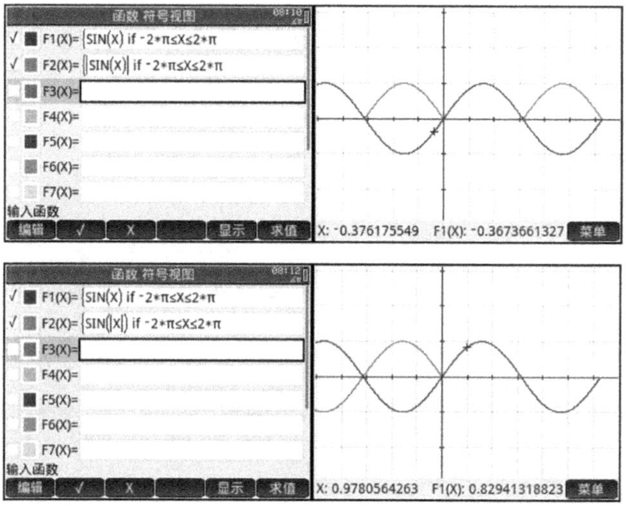


**图 2-14**

**分析说明** 将 $y=\sin x$ 的图象在 $x$ 轴上方的部分不变，在 $x$ 轴下方的部分沿 $x$ 轴翻折 $180°$，即得到函数 $y=|\sin x|$ 的图象；$y=\sin|x|$ 是偶函数，图象关于 $y$ 轴对称，当 $x\geqslant 0$ 时，它的图象与 $y=\sin x$ 的图象相同.

**✲例 3** 画出下列函数的图象，分别通过图象指出它们的最大值和最小值.

(1) $y=\sin 2x$； (2) $y=\sin x+2$； (3) $y=(\sin x-1)^2+2$.

**提示** 函数图象如图 2-15 所示.

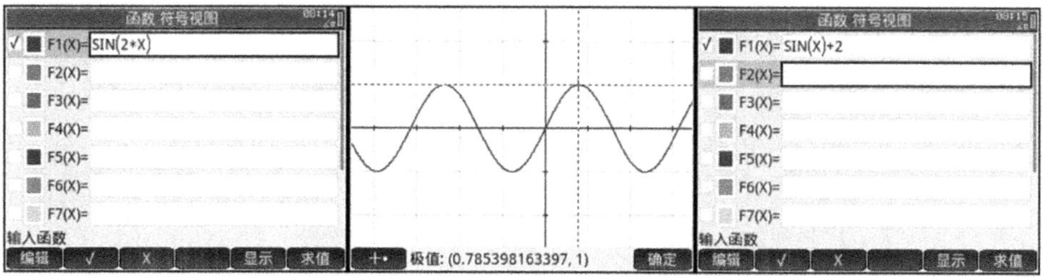

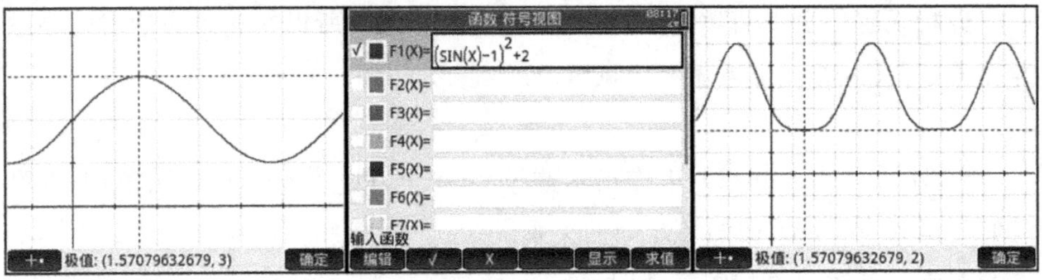


图 2-15

**分析说明** 输入函数表达式，利用“追踪”功能，移动光标，即可看出函数的最大值和最小值. 注意单独显示各个函数的图象，并思考、验证函数取最大、最小值时 $x$ 的取值.

## 【练习】

1. 指出下列函数的周期，并通过图象进行说明.

（1）$y=\sin 2x$；（2）$y=\sin\left(\frac{x}{2}+\frac{\pi}{6}\right)$.

2. 按三角函数的定义在$[0,2\pi]$上作出函数 $y=\sin x$ 和 $y=\cos x$ 的图象.

# 第5节　正弦型函数 $y=A\sin(\omega x+\varphi)$

## 【学习目标】

通过用图形计算器作出正弦型函数的图象，理解参数 $A,\omega,\varphi$ 在图象变换中的作用.

## 【案例解读】

**例1**　在同一坐标系中作出函数 $y=\sin x$ 和 $y=a\sin x$ 的图象，观察参数 $a$ 对函数图象变化的影响.

**提示**　函数图象如图 2-16 所示.

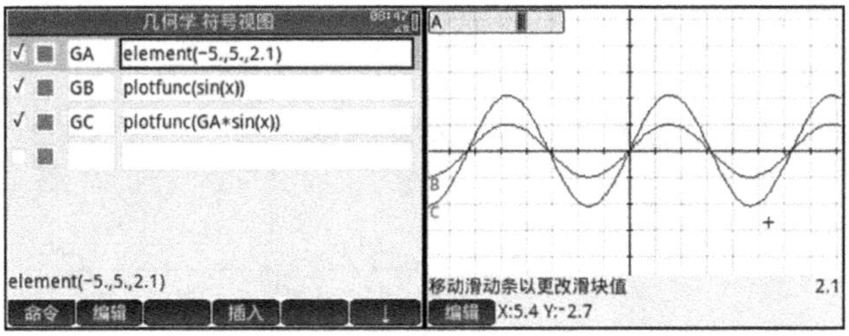


**图 2-16**

**分析说明**　在“几何学”应用程序的图形模式中添加一个滑动条，画出函数 $y=\sin x$ 和 $y=a\sin x$ 的图象. 长按滑动条改变 $a$ 的值，通过观察图象可以看出，$y=\sin x$ 图象上各点的横坐标不变，将纵坐标变为原来的 $a$ 倍，即得到 $y=a\sin x$ 的图象.

**例2**　在同一坐标系中作出函数 $y=\sin x$ 和 $y=\sin(x+\varphi)$ 的图象，观察参数 $\varphi$ 对函数图象变化的影响.

**提示** 函数图象如图 2-17 所示.

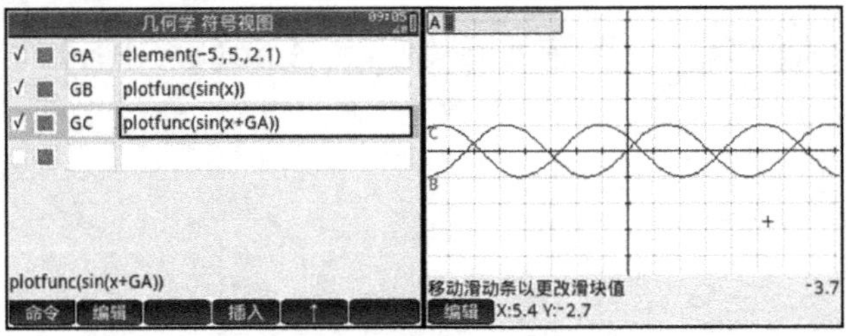


图 2-17

**分析说明** 同上例,插入滑动条,画出函数图象,改变参数 $\varphi$ 的值,观察曲线的左、右移动变化.按“左加右减”法则,将 $y=\sin x$ 的图象向左或右平移 $|\varphi|$ 个单位,即得到 $y=\sin(x+\varphi)$ 的图象.可以改变滑动条数据的设置,也可以变成按钮形式,此形式使用起来比较方便.

**例 3** 在同一坐标系中作出函数 $y=\sin x$ 和 $y=\sin\omega x$ 的图象,观察参数 $\omega$ 对函数图象变化的影响.

**提示** 函数图象如图 2-18 所示.

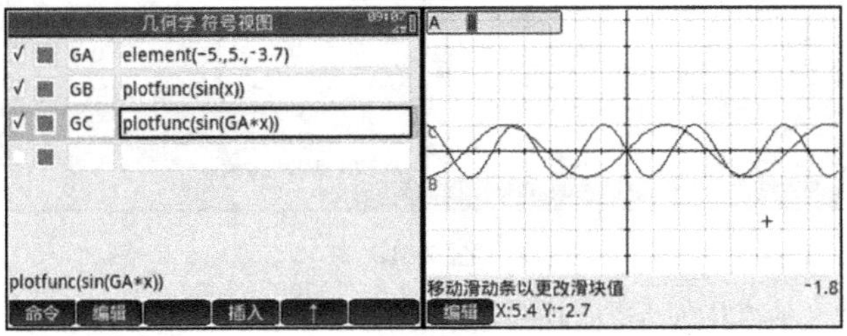


图 2-18

**分析说明** 方法与以上两个例题相同.$\omega$ 改变正弦函数的周期,$T=\frac{2\pi}{|\omega|}$.

**例 4** 作出函数 $y=1-\frac{1}{2}\sin x\left(\frac{\pi}{6}\leqslant x\leqslant\pi\right)$ 的图象,并指出它们的最大值和最小值.

**提示** 函数图象如图 2-19 所示.

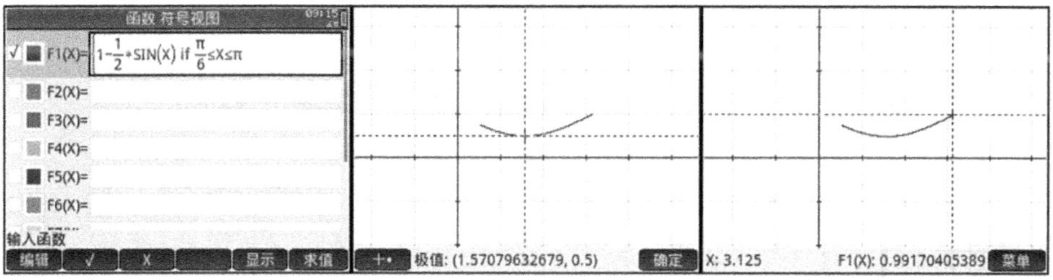


图 2-19

**分析说明**　由图象可以看出，$y=1-\frac{1}{2}\sin x\left(\frac{\pi}{6}\leqslant x\leqslant\pi\right)$的最大值是 1，最小值是 0.5. 要注意函数的单调区间，不能机械地以端点处的函数值作为函数的最大值和最小值.

## 【练习】

利用图象说明，函数 $y=\sin x$ 经过怎样的变换能得到函数 $y=3\sin(2x+1)$ 的图象.

# 第 6 节　余弦函数与正切函数的图象和性质

## 【学习目标】

使用图形计算器进行正弦、余弦和正切等三角函数的运算，并通过画出函数的图象，进一步理解三角函数图象的形状及其主要的性质.

## 【案例解读】

**例 1**　求出下列函数的最小正周期、定义域和值域，并画图分析验证.

(1) $y=\sqrt{\cos(\sin x)}$；

(2) $y=\dfrac{\sin x}{|\sin x|}+\dfrac{\cos x}{|\cos x|}+\dfrac{\tan x}{|\tan x|}$；

(3) $y=\cos^2 x+2\sin^2 x+\sin^2 x\tan^2 x-1$.

**提示**

(1) 函数图象如图 2-20 所示.

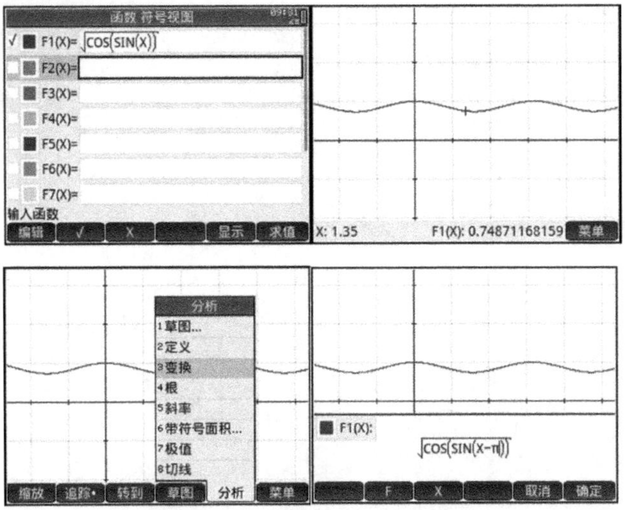


图 2-20

最小正周期 $T=\pi$，定义域为 $\mathbf{R}$，值域为 $\{y|\sqrt{\cos 1}\leqslant y\leqslant 1\}$，是偶函数.

（2）函数图象如图 2-21 所示.

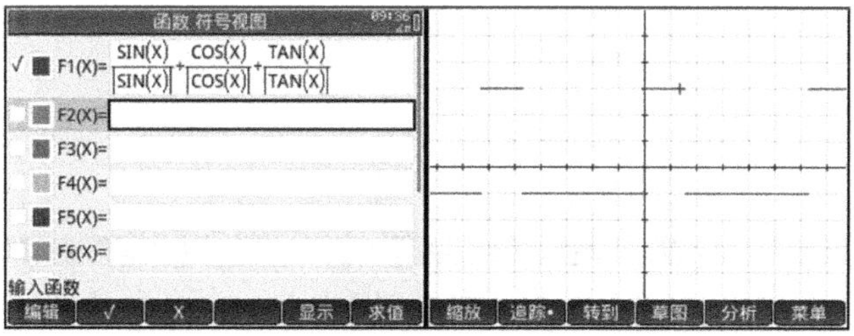


图 2-21

最小正周期 $T=2\pi$，定义域为 $\left\{x\in\mathbf{R}\,\middle|\,x\neq\frac{k\pi}{2},k\in\mathbf{Z}\right\}$，值域为 $\{-1,3\}$，是非奇非偶函数.

（3）函数图象如图 2-22 所示.

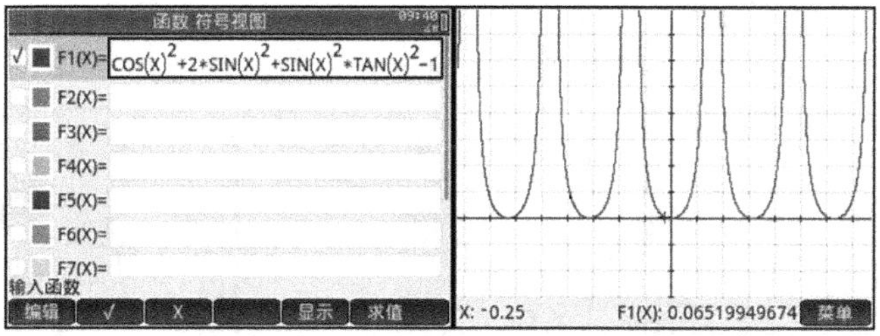


图 2-22

最小正周期 $T=\pi$，定义域为 $\left\{x\in\mathbf{R}\,\middle|\,x\neq\frac{\pi}{2}+k\pi,k\in\mathbf{Z}\right\}$，值域为 $[0,+\infty)$，是偶函数.

**例 2** （2011 · 辽宁卷（理））已知函数 $f(x)=A\tan(\omega x+\varphi)\left(\omega>0,|\varphi|<\frac{\pi}{2}\right)$，$y=f(x)$ 的部分图象如图 2-23 所示，则 $f\left(\frac{\pi}{24}\right)=$__________.

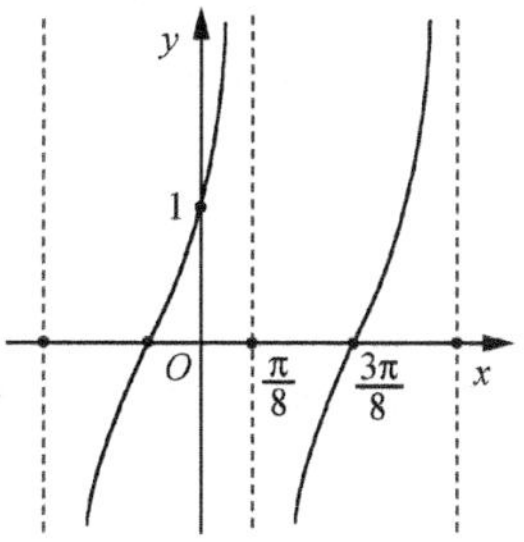


图 2-23

**提示** 计算结果如图 2-24 所示.

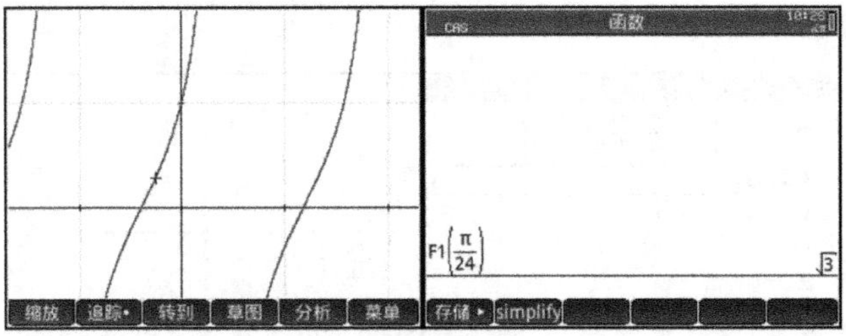


图 2-24

**分析说明**　先确定 $\omega$ 的值，由 $\frac{\pi}{2}=\frac{\pi}{\omega}$，得 $\omega=2$；将 $\left(\frac{3\pi}{8},0\right)$，$(0,1)$ 代入函数方程得 $\varphi=\frac{\pi}{4}$，$A=1$，故 $f(x)=\tan\left(2x+\frac{\pi}{4}\right)$，$f\left(\frac{\pi}{24}\right)=\sqrt{3}$.

**例 3**　证明：当 $0<x<\frac{\pi}{2}$ 时，$\sin x<x<\tan x$.

**提示**　函数图象如图 2-25 所示.

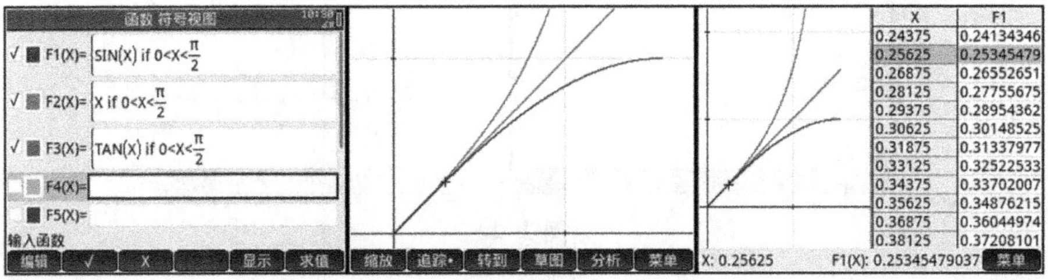


图 2-25

**分析说明**　这是一个重要的不等式. 直线 $y=x$ 是两曲线在 $x=0$ 处的切线，知道了这一点，可以正确地画出三个函数的图象，并利用图象求解一些选择题与填空题. 在高等数学的学习中，仍然要用到此不等式.

## 【练习】

1. (2011・全国卷(文))已知 $\alpha\in\left(\pi,\frac{3\pi}{2}\right)$，$\tan\alpha=2$，则 $\cos\alpha=$________.

2. (2011・重庆卷(文))若 $\cos\alpha=-\frac{3}{5}$，且 $\alpha\in\left(\pi,\frac{3\pi}{2}\right)$，则 $\tan\alpha=$________.

3. (2011・全国卷(理))设函数 $f(x)=\cos\omega x(\omega>0)$，将 $y=f(x)$ 的图象向右平移 $\frac{\pi}{3}$ 个单位后，所得的图象与原图象重合，则 $\omega$ 的最小值等于(　　).

A. $\frac{1}{3}$　　B. 3　　C. 6　　D. 9

# 第 7 节　三角函数的图象和性质

## 【学习目标】

使用图形计算器画出一些三角函数的图象，通过函数图象的形状，分析研究它们的零点、单调性、周期性等性质，解决某些有关复合函数的问题.

## 【案例解读】

**例 1**　(2011 · 陕西卷(理))设函数 $f(x)(x\in\mathbf{R})$ 满足 $f(-x)=f(x)$，$f(x+2)=f(x)$，则 $y=f(x)$ 的图象可能是(　　).

**提示**

A. 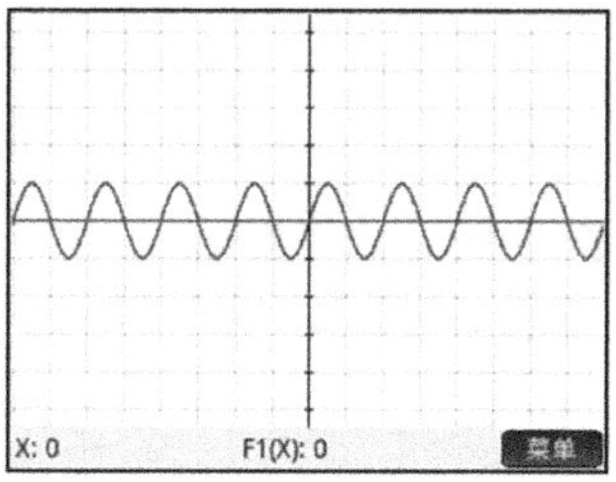


B. 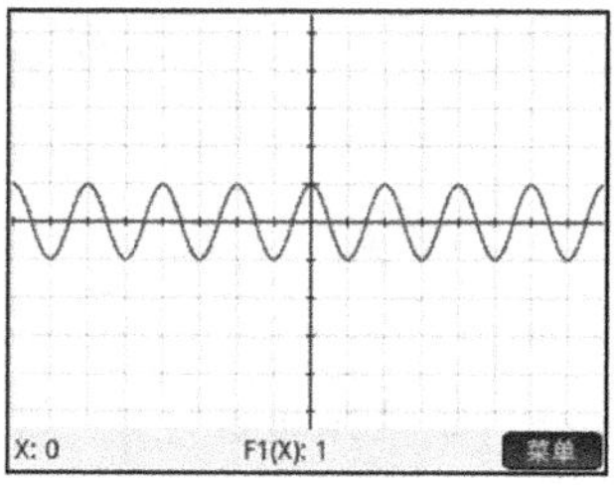


C. 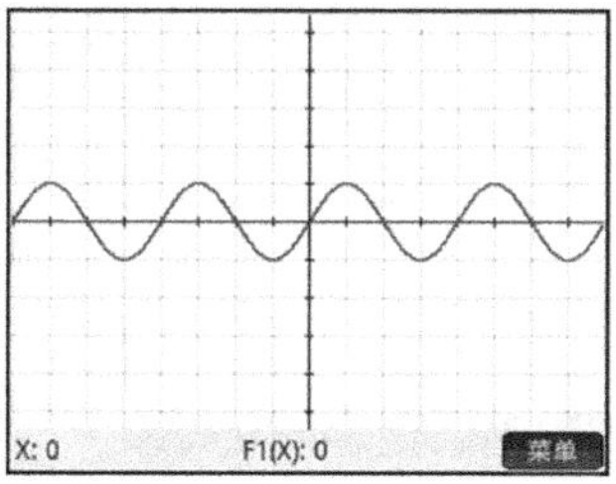


D. 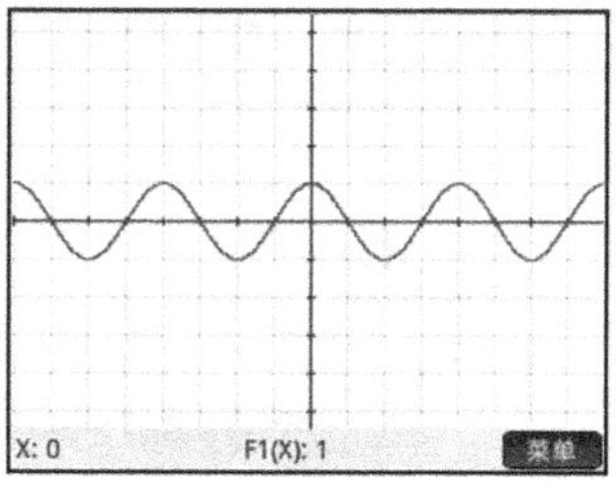


**分析说明**　此函数是偶函数，周期为 2，故选 B，可取 $f(x)=-\cos\pi x$ 画图验证.

**例 2**　(2011 · 江苏卷(理))已知函数 $f(x)=A\sin(\omega x+\varphi)$ $(A,\omega,\varphi$ 是常数，$A>0,\omega>0)$ 的部分图象如图 2-26 所示，则 $f(0)=$__________.

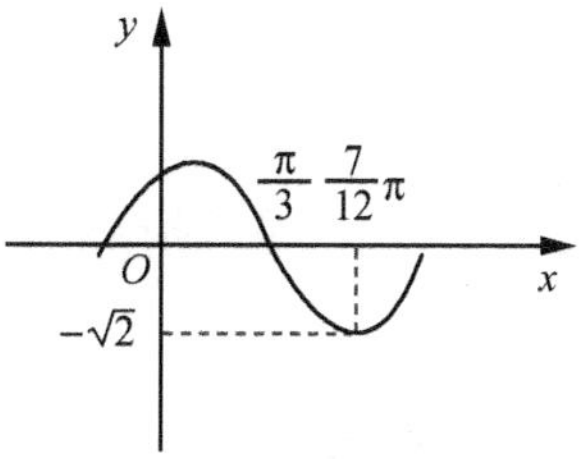


图 2-26

**提示**　计算结果如图 2-27 所示.

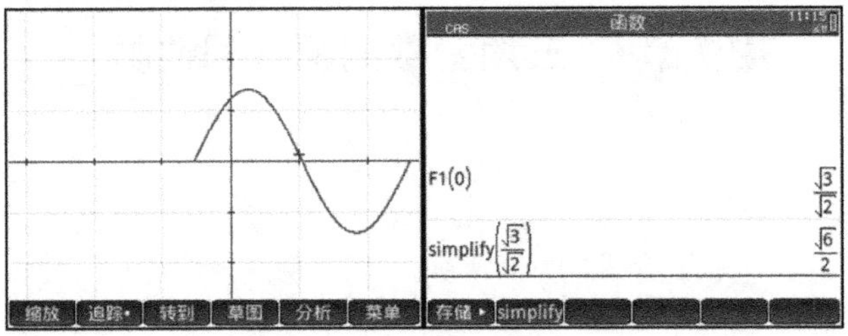


图 2-27

**分析说明**　$A=\sqrt{2}$,由$\frac{7\pi}{12}-\frac{\pi}{3}=\frac{T}{4}$,得 $T=\pi,\omega=2$. 将$\left(\frac{\pi}{3},0\right)$代入 $f(x)=\sqrt{2}\sin(2x+\varphi)$,可令 $\varphi=\frac{\pi}{3}$,则 $f(x)=\sqrt{2}\sin\left(2x+\frac{\pi}{3}\right)$,将$\left(\frac{7\pi}{12},-\sqrt{2}\right)$代入,得 $f(0)=\frac{\sqrt{6}}{2}$. 此题没有限制 $\varphi$ 的范围,需注意 $\varphi$ 的取值,防止出错.

**※例 3**　(2011 · 陕西卷(理))函数 $f(x)=\sqrt{x}-\cos x$ 在$[0,+\infty)$内(　　).

A. 没有零点　　　　B. 有且仅有一个零点

C. 有且仅有两个零点　　　　D. 有无穷多个零点

**提示**　函数图象如图 2-28 所示.

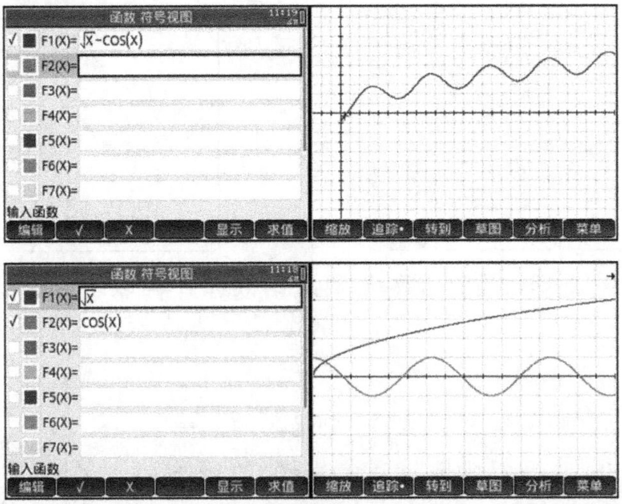


图 2-28

**分析说明**　选 B. 可以直接画出函数 $f(x)=\sqrt{x}-\cos x$ 的图象,看出 $f(x)$

在$[0,+\infty)$内有且仅有一个零点. 也可以分别画出函数 $y=\sqrt{x}$和 $y=\cos x$ 的图象，观察出它们有且仅有一个交点. 注意：$\sqrt{x}-\cos x=0\Leftrightarrow\sqrt{x}=\cos x$.

**例 4**　(2011 · 课标卷(理))函数 $y=\dfrac{1}{1-x}$ 的图象与函数 $y=2\sin\pi x(-2\leqslant x\leqslant 4)$的图象的所有交点的横坐标之和等于(　　).

A. 2　　B. 4　　C. 6　　D. 8

**提示**　函数图象如图 2-29 所示.

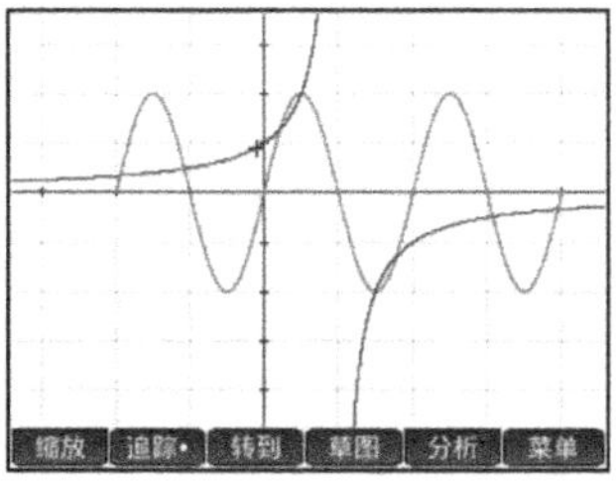


**图 2-29**

**分析说明**　画出图象，观察发现两图象都关于点(1,0)中心对称. 因为$\dfrac{1}{1-x}=\dfrac{1}{-(x-1)}$，故函数 $y=\dfrac{1}{-x}$的图象向右平移一个单位得到 $y=\dfrac{1}{1-x}$的图象，其对称中心(0,0)也右移一个单位，所以 8 个交点的横坐标两两关于 $x=1$ 对称，所有交点的横坐标之和为 $4\times2=8$. 故选 D.

**例 5**　(2011 · 山东卷(理))函数 $y=\dfrac{x}{2}-2\sin x$ 的图象大致是(　　).

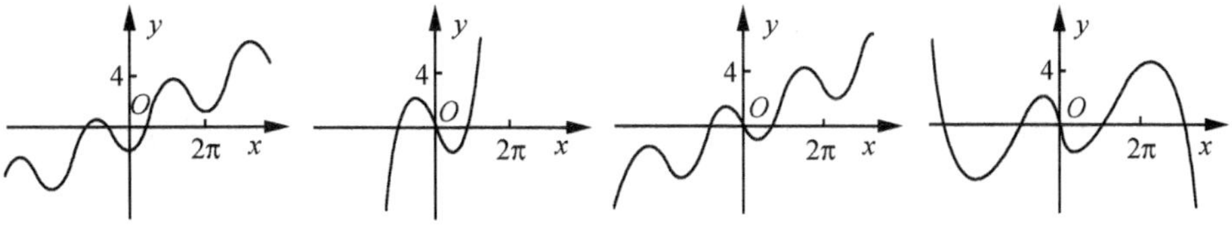


A.　　B.　　C.　　D.

**提示** 函数图象如图 2-30 所示.

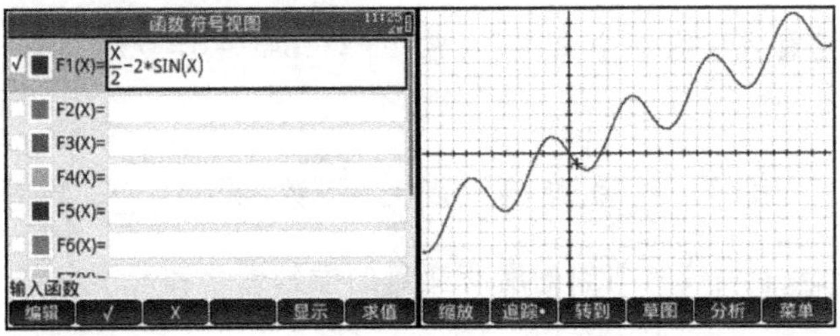


图 2-30

**分析说明** 函数 $y=\frac{x}{2}-2\sin x$ 为“准周期函数”，图象过原点，并沿直线 $y=\frac{x}{2}$ 呈波浪形状，选 C.

# 第8节　已知三角函数值求角

## 【学习目标】

通过图形计算器求三角函数值和作图，进一步理解反三角函数的意义，掌握三角函数的图象和性质.

## 【案例解读】

**例1**　(1) 已知 $\sin x=\frac{\sqrt{2}}{2}$，且 $x\in\left[-\frac{\pi}{2},\frac{\pi}{2}\right]$，求 $x$；

(2) 已知 $\sin x=\frac{\sqrt{2}}{2}$，且 $x\in[0,2\pi]$，求 $x$ 的取值集合.

**提示**　计算结果如图 2-31 所示.

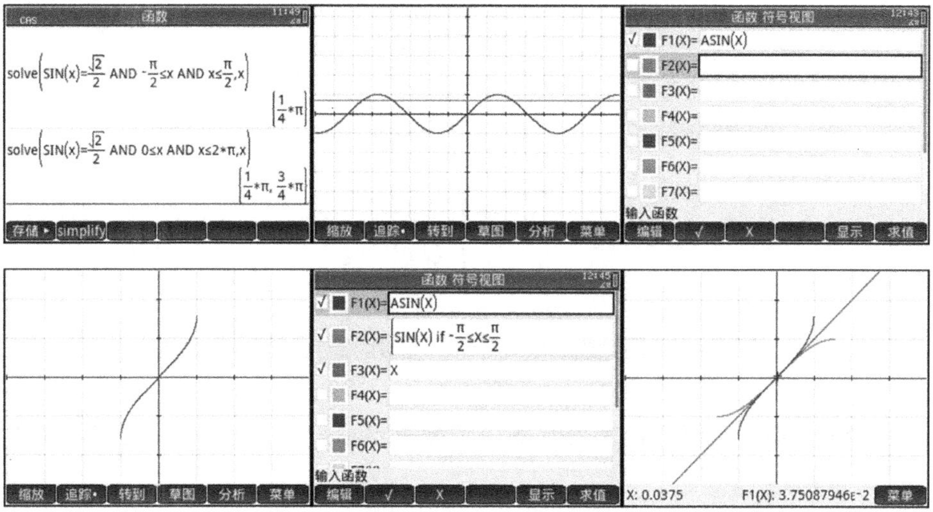


图 2-31

**分析说明**　本题实际上是解三角方程，答案是 $x=\frac{\pi}{4}$ 和 $\left\{\frac{\pi}{4},\frac{3\pi}{4}\right\}$. 画出函数图象有助于理解问题的几何意义. 也可以用反正弦函数求解(图 2-31)，应了解正弦函数与反正弦函数图象之间的关系.

**例 2** 已知 $\tan x=-\frac{\sqrt{3}}{3}$，且 $x\in\left(-\frac{\pi}{2},\frac{\pi}{2}\right)$，求 $x$ 的值.

**提示** 计算结果如图 2-32 所示.

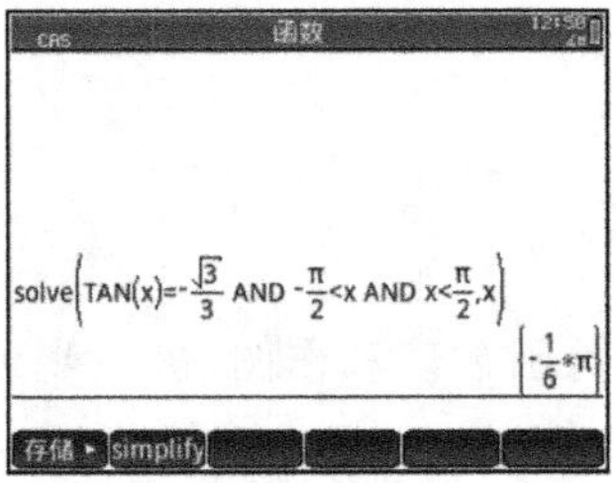


图 2-32

**分析说明** 由图象可知，解为 $x=-\frac{\pi}{6}$. 反正切函数 $y=\arctan x$（用图形计算器表示为 $\tan^{-1}(x)$）在高等数学中经常出现，学生应简单了解它的图象形状与单调性.

**例 3** 求下列函数的值，用度表示.

(1) $\arctan\sqrt{3}$； (2) $\arctan\left(-\frac{\sqrt{3}}{3}\right)$； (3) $\arcsin(-1)$； (4) $\arccos(-1)$.

**提示** 计算结果如图 2-33 所示.

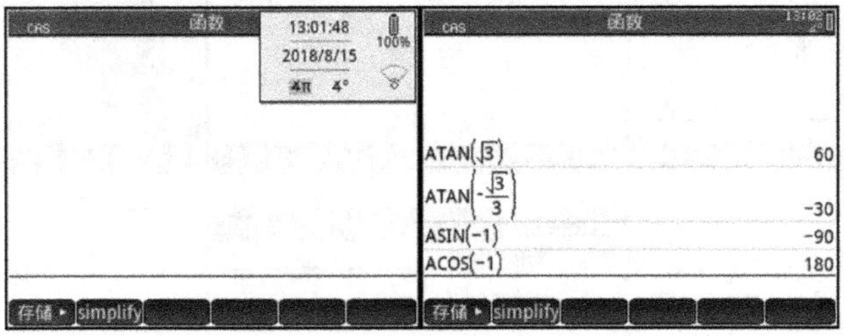


图 2-33

**分析说明** 将图形计算器调整到角度表示模式，输入所求的反三角函数值，直接得到结果.

## 【练习】

已知 $\cos x=-\frac{\sqrt{2}}{2}$，且 $x\in[0,2\pi)$，求 $x$ 的取值集合.

# 第 9 节　平面向量

## 【学习目标】

使用图形计算器进行向量的坐标运算，并通过向量的几何作图，进一步理解向量的主要性质与应用.

## 【案例解读】

**例 1**　已知 $\boldsymbol{a}$ 与 $\boldsymbol{b}$ 均为单位向量，其夹角为 $\theta$，有下列四个命题：

$p_1: |\boldsymbol{a}+\boldsymbol{b}|>1 \Leftrightarrow \theta \in \left[0,\dfrac{2\pi}{3}\right)$；　　$p_2: |\boldsymbol{a}+\boldsymbol{b}|>1 \Leftrightarrow \theta \in \left(\dfrac{2\pi}{3},\pi\right]$；

$p_3: |\boldsymbol{a}-\boldsymbol{b}|>1 \Leftrightarrow \theta \in \left[0,\dfrac{\pi}{3}\right)$；　　$p_4: |\boldsymbol{a}-\boldsymbol{b}|>1 \Leftrightarrow \theta \in \left(\dfrac{\pi}{3},\pi\right]$.

其中真命题是(　　).

A. $p_1, p_4$　　B. $p_1, p_3$　　C. $p_2, p_3$　　D. $p_2, p_4$

**提示**　绘图分析，如图 2-34 所示.

**图 2-34**

**分析说明**　答案选 A. 应牢记向量几何运算的平行四边形法则，并记住一些特殊的多边形及其性质. 另外，把单位向量的起点都移到同一点，则其终点都位于一个单位圆周上.

**例 2**　(2011·北京卷(理))已知向量 $\boldsymbol{a}=(\sqrt{3},1)$，$\boldsymbol{b}=(0,-1)$，$\boldsymbol{c}=(k,\sqrt{3})$，若 $\boldsymbol{a}-2\boldsymbol{b}$ 与 $\boldsymbol{c}$ 共线，则 $k=$________.

**提示** 计算结果如图 2-35 所示.

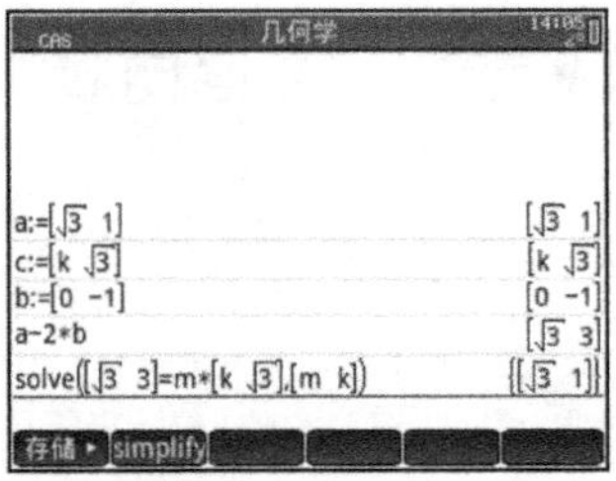


图 2-35

**分析说明** HP Prime 图形计算器一般用$\{x,y\}$表示向量$(x,y)$,也可以用矩阵$[x,y]$表示.因此,输入向量的坐标时要注意括号的形式.另外要记住基本定理:向量 $\boldsymbol{a}\,/\!/\,\boldsymbol{b}(\boldsymbol{b}\neq\boldsymbol{0})\Leftrightarrow$存在 $\lambda\in\mathbf{R}$,使得 $\boldsymbol{a}=\lambda\boldsymbol{b}$. 此题实际上是解方程组 $\begin{cases}\sqrt{3}=mk,\\3=m\sqrt{3},\end{cases}$ 得 $k=1$.

**例 3** (2011 · 江苏卷(理))已知 $\boldsymbol{e}_1,\boldsymbol{e}_2$ 是夹角为$\dfrac{2\pi}{3}$的两个单位向量,$\boldsymbol{a}=\boldsymbol{e}_1-2\boldsymbol{e}_2$,$\boldsymbol{b}=k\boldsymbol{e}_1+\boldsymbol{e}_2$,$\boldsymbol{a}\cdot\boldsymbol{b}=0$,则实数 $k$ 的值为__________.

**提示** 计算结果如图 2-36 所示.

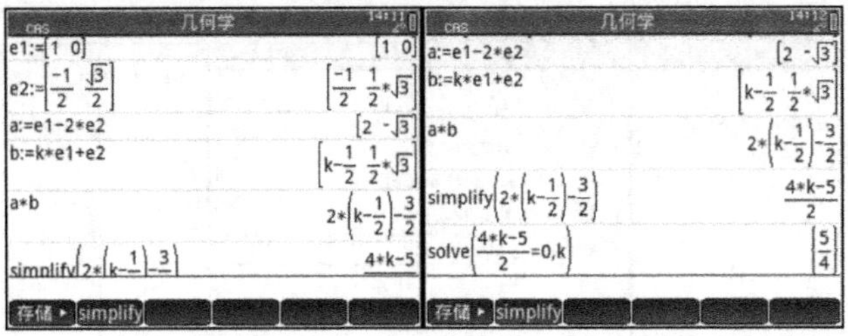


图 2-36

**分析说明** $k=\dfrac{5}{4}$. 在 HP Prime 图形计算器中,向量的数量积可以直接用 * 号连接.

## 【练习】

1. 已知向量 $\boldsymbol{a}=(3,4)$,$\boldsymbol{b}=(8,6)$,$\boldsymbol{c}=(2,k)$,其中 $k$ 为常数,如果 $\boldsymbol{a}$,$\boldsymbol{b}$ 分别与 $\boldsymbol{c}$ 所成的角相等,求 $k$ 的值.

2. 已知正方形 $ABCD$,点 $A(-2,3)$,$C(1,1)$,求顶点 $D$ 的坐标.

# 第10节　三角恒等变换(一)

## 【学习目标】

使用图形计算器对三角函数值进行计算，加深对三角公式的理解，并提高使用信息技术解决问题的能力.

## 【案例解读】

**例1**　用图形计算器显示正弦与余弦的和角、差角公式，并求下列各式的值：

(1) $\sin170^\circ\cos20^\circ+\cos(-10^\circ)\sin20^\circ$;

(2) $\cos25^\circ\cos340^\circ-\sin515^\circ\sin20^\circ$.

**提示**　计算结果如图 2-37 所示.

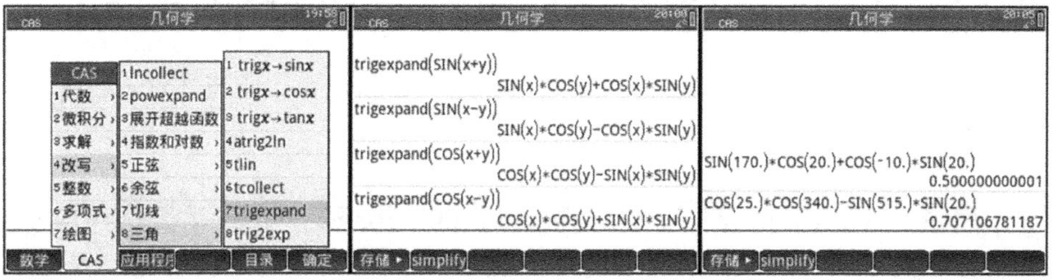


图 2-37

**分析说明**　记住正弦、余弦的和角、差角公式，可以推导出所有的诱导公式. 例如，$\sin\left(\frac{\pi}{2}+\alpha\right)=\sin\frac{\pi}{2}\cos\alpha+\cos\frac{\pi}{2}\sin\alpha=\cos\alpha$，$\sin(\pi-\alpha)=\sin\pi\cos\alpha-\cos\pi\sin\alpha=\sin\alpha$.

**例2**　已知 $\cos\alpha=\frac{4}{5}\left(0<\alpha<\frac{\pi}{2}\right)$，用图形计算器求 $\sin\left(\alpha+\frac{\pi}{6}\right)$ 和 $\cos\left(\alpha+\frac{\pi}{6}\right)$ 的值.

**提示** 计算结果如图 2-38 所示.

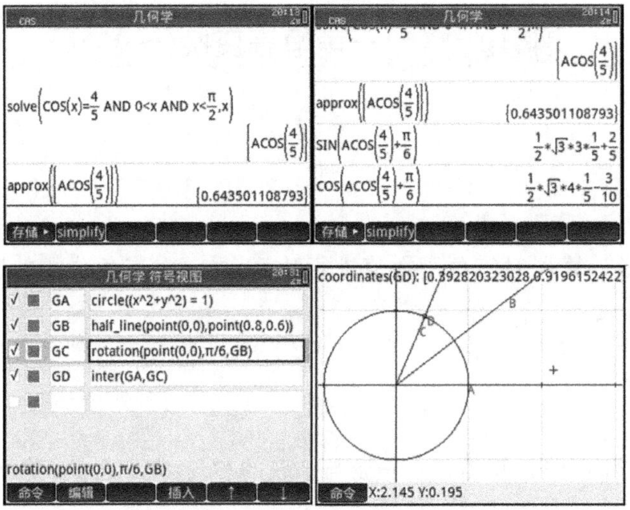


**图 2-38**

**分析说明** 利用正弦与余弦和角的三角公式，可以得出 $\sin\left(\frac{\pi}{6}+\alpha\right)=\frac{4+3\sqrt{3}}{10}$，$\cos\left(\frac{\pi}{6}+\alpha\right)=\frac{-3+4\sqrt{3}}{10}$，用图形计算器可以直接求出结果.

注意：图形计算器用反余弦 $\cos^{-1}\left(\frac{4}{5}\right)$ 表示角 $\alpha$，也可以用反正弦 $\sin^{-1}\left(\frac{3}{5}\right)$ 表示.

用图形计算器解三角问题的方法，与传统的逻辑推理的方法不同，它充分利用信息技术强大的计算功能迅速得出结果，此方法更接近解决实际工程技术问题所采用的方法. 这道题的几何意义是，向量或者点 $\left(\frac{4}{5},\frac{3}{5}\right)$ 以原点为中心，按逆时针方向旋转 30°后，其坐标为 $\left(\frac{-3+4\sqrt{3}}{10},\frac{4+3\sqrt{3}}{10}\right)$.

**例 3** 用图形计算器化简下列三角式：

(1) $\sin x+\cos x$； (2) $\sin x-\cos x$； (3) $\sqrt{3}\sin x+\cos x$；

(4) $3\sin x+4\cos x$.

**提示**　化简结果如图 2-39 所示.

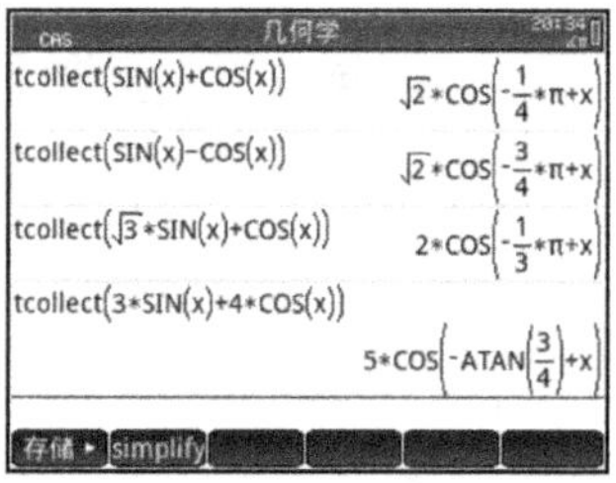


图 2-39

**分析说明**　公式 $a\sin x+b\cos x=\sqrt{a^2+b^2}\left(\frac{a}{\sqrt{a^2+b^2}}\sin x+\frac{b}{\sqrt{a^2+b^2}}\cos x\right)$非常重要，常用于先化简三角式，然后求三角函数的最大值、单调区间等.

## 【练习】

1. 用图形计算器求 $\sin15°$，$\cos15°$ 和 $\tan15°$ 的值，以及 $\sin\frac{5\pi}{12}$，$\cos\frac{5\pi}{12}$和 $\tan\frac{5\pi}{12}$的值.

2. (2011 · 课标卷(理))设函数 $f(x)=\sin(\omega x+\varphi)+\cos(\omega x+\varphi)$ $\left(\omega>0,|\varphi|<\frac{\pi}{2}\right)$的最小正周期为 π，且 $f(-x)=f(x)$，则(　　).

A. $f(x)$在$\left(0,\frac{\pi}{2}\right)$内单调递减　　B. $f(x)$在$\left(\frac{\pi}{4},\frac{3\pi}{4}\right)$内单调递减

C. $f(x)$在$\left(0,\frac{\pi}{2}\right)$内单调递增　　D. $f(x)$在$\left(\frac{\pi}{4},\frac{3\pi}{4}\right)$内单调递增

# 第 11 节　三角恒等变换(二)

## 【学习目标】

通过图形计算器作图，牢记特殊的三角函数值，熟悉相关的三角函数公式，并掌握求三角函数的最大值、最小值和周期的基本方法.

## 【案例解读】

**例 1**　求下列各式的值：

(1) $\frac{1-\tan 15^\circ}{1+\tan 15^\circ}$；　　(2) $\frac{1+\tan 75^\circ}{1-\tan 75^\circ}$.

**提示**　计算结果如图 2-40 所示.

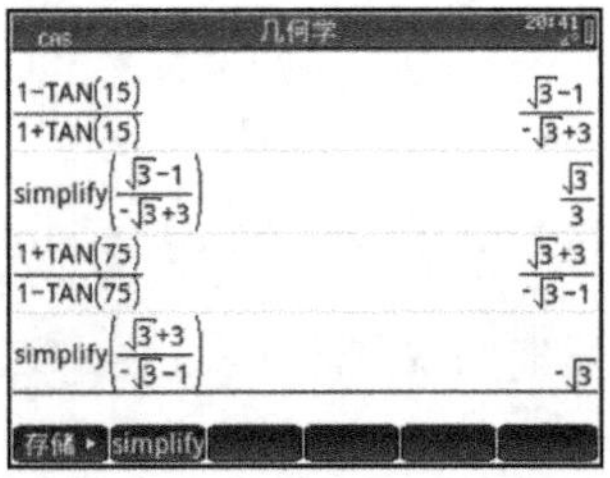


图 2-40

**分析说明**　$1=\tan 45^\circ$，利用这种数值的等价表示和三角公式，得到 $\frac{1-\tan 15^\circ}{1+\tan 15^\circ}=\tan 30^\circ$，$\frac{1+\tan 75^\circ}{1-\tan 75^\circ}=\tan 120^\circ$，这是两个经典的表达式.

**例 2**　求函数 $y=\sin x-\sin\left(x+\frac{\pi}{4}\right)$的最大值、最小值和周期.

**提示**　函数图象如图 2-41 所示.

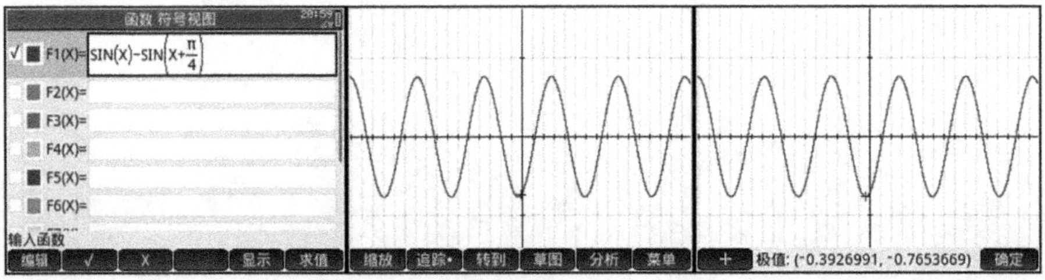


图 2-41

**分析说明**　$y=\sin x-\sin\left(x+\frac{\pi}{4}\right)=-\sqrt{2-\sqrt{2}}\cos\left(x+\frac{\pi}{8}\right)=\sqrt{2-\sqrt{2}}\cdot\sin\left(x-\frac{3\pi}{8}\right)$，所以，该函数的周期为 $2\pi$，最大值为 $\sqrt{2-\sqrt{2}}$，最小值为 $-\sqrt{2-\sqrt{2}}$.

**例 3**　(2012·北京卷(理))已知函数 $f(x)=\frac{(\sin x-\cos x)\sin 2x}{\sin x}$.

(1) 求 $f(x)$的定义域及最小正周期；

(2) 求 $f(x)$的单调递增区间.

**提示**　函数图象如图 2-42 所示.

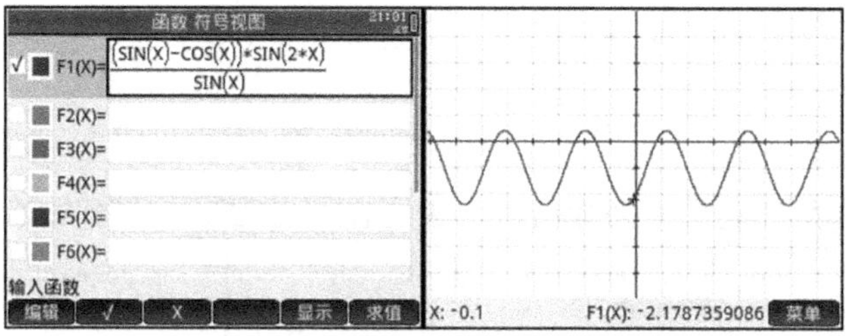


图 2-42

**分析说明**　显然，函数 $f(x)$的定义域为$\{x\mid x\neq k\pi,k\in\mathbf{Z}\}$，且 $f(x)=-1-\sqrt{2}\cos\left(2x+\frac{\pi}{4}\right)=\sqrt{2}\sin\left(2x-\frac{\pi}{4}\right)-1$. 化简后可知，$f(x)$的最小正周期为 $T=\frac{2\pi}{2}=\pi$；$f(x)$的单调递增区间为$\left[k\pi-\frac{\pi}{8},k\pi\right)$，$\left(k\pi,k\pi+\frac{3\pi}{8}\right]$$(k\in\mathbf{Z})$.

## 【练习】

求 $\tan 15^\circ$和 $\tan 75^\circ$的值，并验证两角和与差的正切公式.

# 第 12 节　用图形计算器解三角形

## 【学习目标】

利用图形计算器计算三角函数值及求角，简化烦琐的计算过程，加深对正弦定理、余弦定理的理解. 也可选用“三角求解器”应用程序直接求解.

## 【案例解读】

**例 1**　在△ABC 中，已知 $b=3\sqrt{6}$，$c=6$，$\angle B=120°$，求三角形中其他边和角的大小.

**提示**　计算结果如图 2-43 所示.

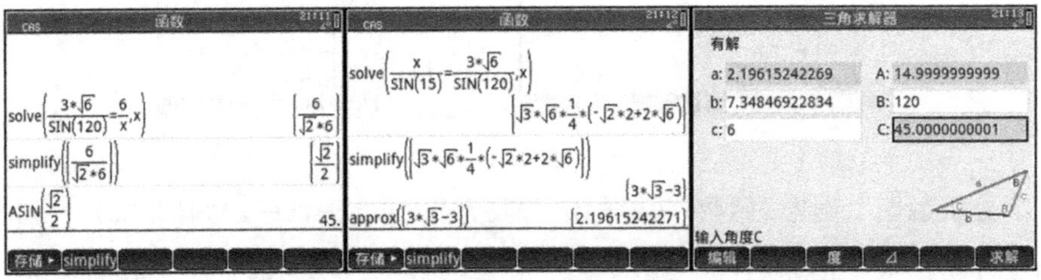

图 2-43

**分析说明**　先判定 $\angle C$ 必为锐角，然后由正弦定理求出 $\angle C=45°$，$\angle A=15°$，从而求出 $a=\dfrac{b\sin A}{\sin B}=3\sqrt{3}-3\approx 2.196\ 152\ 423$.

**例 2**　在△ABC 中，已知 $a=3$，$b=2$，$c=\sqrt{19}$，求此三角形中各角的大小及其面积.

**提示**　计算结果如图 2-44 所示.

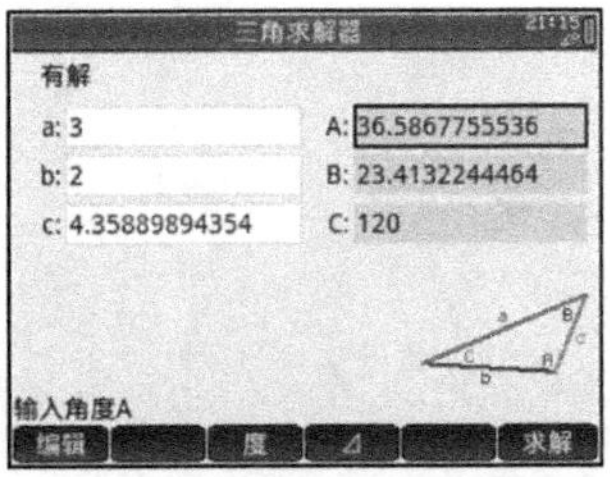


图 2-44

**分析说明**　“三角求解器”应用程序可以简便快速地求解三角形.

## 【练习】

1. 证明正弦定理.

2. (1) 已知向量$\overrightarrow{OA}=(3,2)$，$\overrightarrow{OB}=(-2,5)$，求以$\overrightarrow{OA}$，$\overrightarrow{OB}$为邻边的平行四边形的面积；

(2) 已知 $A(-2,1)$，$B(3,-2)$，$C(2,5)$，求$\triangle ABC$ 的面积.

提示：

对于向量$\boldsymbol{a}=(a_1,a_2)$，$\boldsymbol{b}=(b_1,b_2)$，$\triangle AOB$ 的面积 $S_{\triangle OAB}=\frac{1}{2}|a_1b_2-a_2b_1|$，可以用此公式计算平行四边形和三角形的面积. 实际上，对于直角坐标平面上的任意三点 $A(x_1,y_1)$，$B(x_2,y_2)$，$C(x_3,y_3)$，可以用行列式计算面积，其对应的平行四边形的面积公式为 $S=\begin{vmatrix} x_1 & y_1 & 1 \\ x_2 & y_2 & 1 \\ x_3 & y_3 & 1 \end{vmatrix}$，对应的三角形的面积公式为 $S=\frac{1}{2}\begin{vmatrix} x_1 & y_1 & 1 \\ x_2 & y_2 & 1 \\ x_3 & y_3 & 1 \end{vmatrix}$. 因此，可以先在图形计算器中输入对应数据的矩阵，然后利用矩阵的计算菜单求出其所对应的行列式，再取绝对值求出面积.

# 第三章 解析几何

## 第1节 直线方程的基本概念与性质

### 【学习目标】

通过使用图形计算器作图，理解直线的斜率、纵截距对直线图象变化的影响，理解直线参数方程的含义，并能解决简单的关于直线、距离等方面的问题.

### 【基本操作】

如图3-1所示，利用“几何学”应用程序及“Help”菜单的案例解释，可以绘制相应的图形.

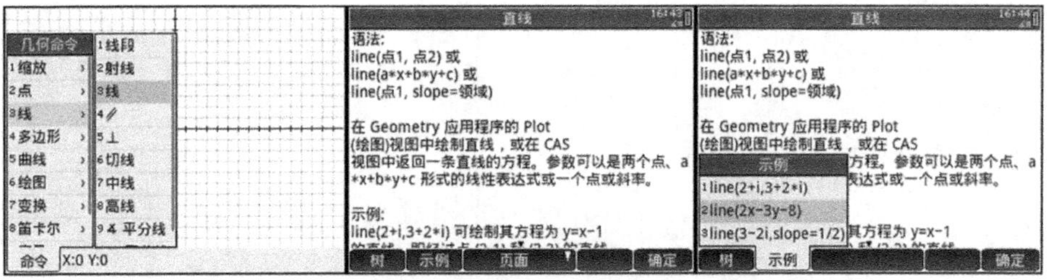
几何命令
1缩放
2点
3线
4多边形
5曲线
6绘图
7变换
8笛卡尔
1线段
2射线
3线
4∥
5⊥
6切线
7中线
8高线
9∡平分线
命令
X:0 Y:0
直线
语法:
line(点1, 点2) 或
line(a*x+b*y+c) 或
line(点1, slope=领域)
在 Geometry 应用程序的 Plot
(绘图)视图中绘制直线，或在 CAS
视图中返回一条直线的方程。参数可以是两个点、a*x+b*y+c 形式的线性表达式或一个点或斜率。
示例:
line(2+i,3+2*i) 可绘制其方程为 y=x-1
树
示例
页面
确定
示例
1 line(2+i,3+2*i)
2 line(2x-3y-8)
3 line(3-2i,slope=1/2)
图3-1

也可以直接在“高级绘图”应用程序中直接输入解析式绘图(图3-2).

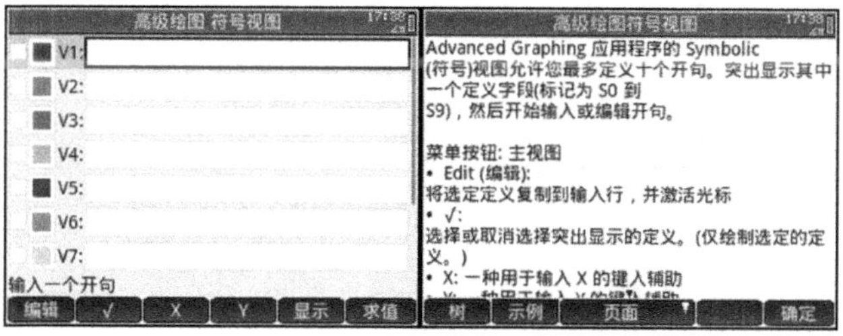
高级绘图 符号视图
V1:
V2:
V3:
V4:
V5:
V6:
V7:
输入一个开句
编辑
√
X
Y
显示
求值
高级绘图符号视图
Advanced Graphing 应用程序的 Symbolic
(符号)视图允许您最多定义十个开句。突出显示其中
一个定义字段(标记为 S0 到
S9)，然后开始输入或编辑开句。
菜单按钮: 主视图
• Edit (编辑):
将选定定义复制到输入行，并激活光标
• √:
选择或取消选择突出显示的定义。(仅绘制选定的定
义。)
• X: 一种用于输入 X 的键入辅助
树
示例
页面
确定

图 3-2

参数方程形式的曲线可以在“几何学”应用程序中使用“参数”功能绘制(图 3-3).

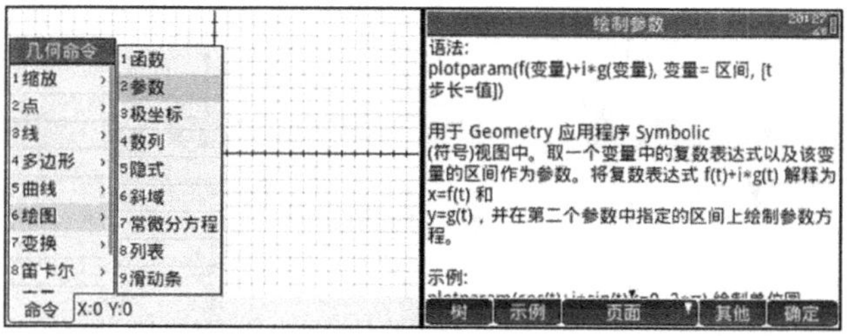
几何命令
1缩放
2点
3线
4多边形
5曲线
6绘图
7变换
8笛卡尔
1函数
2参数
3极坐标
4数列
5隐式
6斜域
7常微分方程
8列表
9滑动条
命令
X:0 Y:0
绘制参数
语法:
plotparam(f(变量)+i*g(变量), 变量= 区间, [t
步长=值])
用于 Geometry 应用程序 Symbolic
(符号)视图中。取一个变量中的复数表达式以及该变
量的区间作为参数。将复数表达式 f(t)+i*g(t) 解释为
x=f(t) 和
y=g(t)，并在第二个参数中指定的区间上绘制参数方
程。
示例:
树
示例
页面
其他
确定

图 3-3

## 【案例解读】

**例 1**　(1) 在同一坐标系中,作出下列直线的图象:$y=-x+1$,$y=\frac{1}{2}x+1$,$y=x+1$ 和 $y=2x+1$,分析各直线之间的位置关系;

(2) 在同一坐标系中,作出下列直线的图象:$y=x+1$,$y=x-2$ 和 $y=x$,分析各直线之间的位置关系;

(3) 插入滑动条 $k$ 和 $b$,画出直线 $y=kx+b$,改变 $k$ 和 $b$ 的值,观察其对图象变化的影响.

**提示**　函数图象如图 3-4 所示.

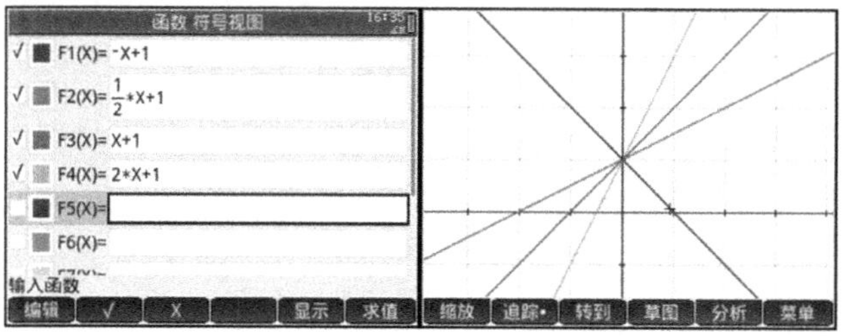
函数 符号视图
F1(X)= -X+1
F2(X)= 1/2*X+1
F3(X)= X+1
F4(X)= 2*X+1
F5(X)=
F6(X)=
输入函数
编辑
√
X
显示
求值
缩放
追踪•
转到
草图
分析
菜单

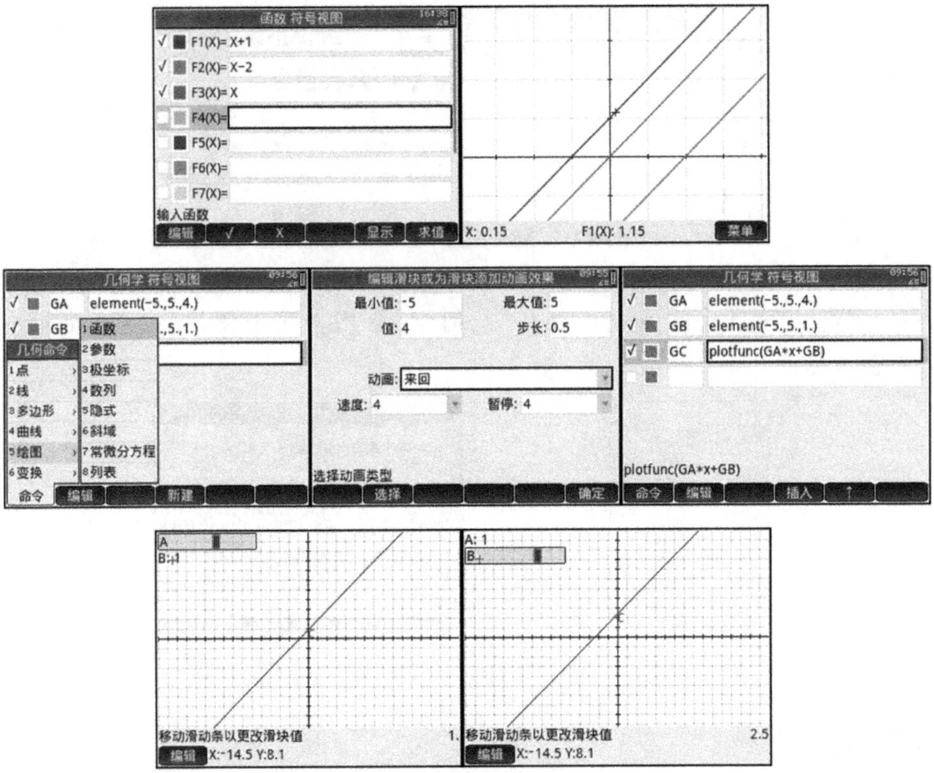


**图 3-4**

**分析说明** (1) 直线方程为斜截式，当斜率为非负数时，斜率越大，直线的倾斜角越大，直线越陡；利用对称性可知，当斜率为负数时，斜率越大，直线的倾斜角越大，但直线越缓. 所以，直线的斜率的绝对值越大，直线越陡. 此组直线过定点(0,1).

(2) 纵截距越大，直线越靠上；斜率相等的直线相互平行. 此组直线是相互平行的.

(3) $b$ 固定时，随着 $k$ 的变化，直线 $y=kx+b$ 表示过点$(0,b)$的直线系；$k$ 固定时，随着 $b$ 的变化，直线 $y=kx+b$ 表示斜率为 $k$ 的平行直线系.

**例 2** 判断直线 $l_1$：$x+2y+1=0$ 与直线 $l_2$：$2x-y-1=0$ 的位置关系，若相交，求出两直线的交点坐标.

**提示** 函数图象如图 3-5 所示.

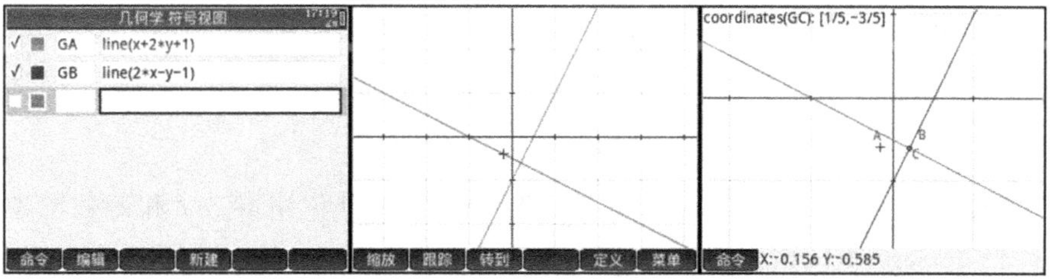


图 3-5

**分析说明** 利用“几何学”应用程序输入两条直线，绘制两条直线的图象，并用交点功能求出其交点.

**例 3** (1) 分别画出直线 $y=2x+1$ 和 $y=-\frac{x}{2}-1$ 及 $y=3x+1$ 和 $y=-\frac{x}{3}-1$ 的图象，说明它们的位置关系；

(2) 插入滑动条 $k$ 和 $m$，画出直线 $y=kx+1$ 和 $y=mx-1$ 的图象，演示当 $k\cdot m=-1$ 时两直线垂直.

**提示** 函数图象如图 3-6 所示.

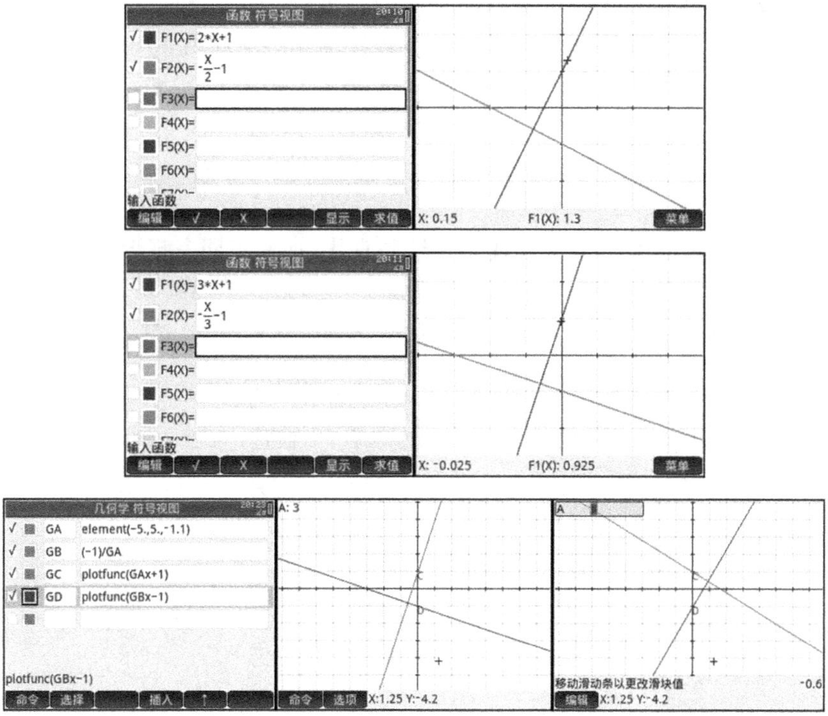


图 3-6

**分析说明** 当两直线的斜率 $k_1 \cdot k_2 = -1$ 时，两直线相互垂直.

**※例 4** 画出方程组 $\begin{cases} x=1+\dfrac{\sqrt{2}}{2}t, \\ y=-1+\dfrac{\sqrt{2}}{2}t \end{cases}$ 表示的图形，并说明参数 $t$ 和函数图象的关系.

**提示** 函数图象如图 3-7 所示.

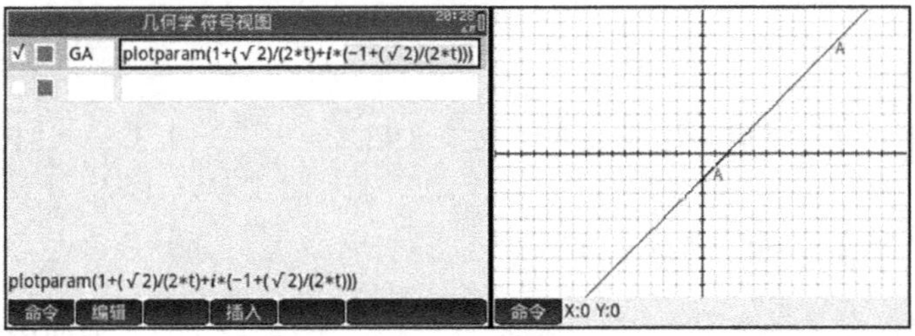


图 3-7

**分析说明** 这是直线的参数方程形式，选定函数类型中的参数模式，输入参数表达式，即可画出函数图象. 注意根据需要设置参数 $t$ 的范围，对于范围内 $t$ 的任何一个取值，都可以由直线的参数方程求出一个坐标 $(x, y)$，它对应着直线上的一个点 $P(x, y)$. 消去参数 $t$，此直线的普通方程为 $x-y-2=0$.

## 【练习】

1. 利用同一直线的不同表现形式绘制直线，探索不同表现形式的优缺点及适用条件.

2. 分别求符合下列条件的直线方程：

(1) 过点 $P(3, -2)$，且与直线 $4x+y-2=0$ 平行；

(2) 过点 $P(3, -2)$，且与直线 $4x+y-2=0$ 垂直；

(3) 过点 $P(3, -2)$，且在两坐标轴上的截距相等.

# 第 2 节　距离问题

## 【学习目标】

熟悉有关距离的计算公式，了解计算距离的应用程序，理解一些有关距离的函数的几何意义.

## 【基本操作】

计算距离的应用程序如图 3-8 所示.

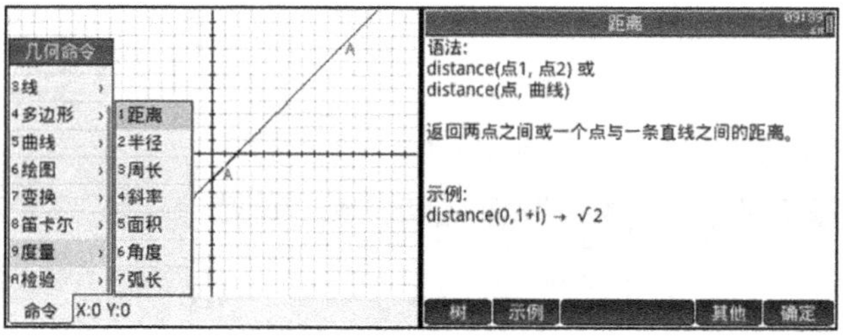


图 3-8

## 【案例解读】

**例 1**　已知 $A(2,-4)$，$B(-2,3)$，求 $d(A,B)$.

**提示**　计算结果如图 3-9 所示.

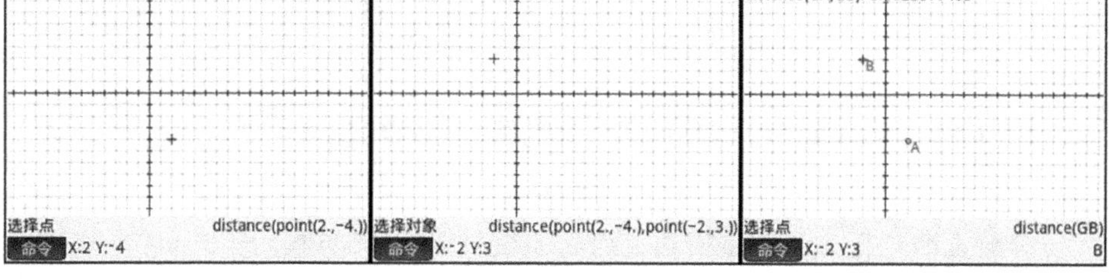


图 3-9

**分析说明**　对于求平面上两点间的距离，可以先定义平面上的两个点后再进行计算；也可以定义一个距离函数 $d$，利用函数进行运算. 图形计算器可以表示出计算结果的准确值，也可以表示出近似值.

**例 2** 用“几何学”应用程序编写代码计算点到直线的距离，并利用它求点 $P(-1,2)$ 到直线 $2x+y=5$ 的距离.

**提示** 计算结果如图 3-10 所示.

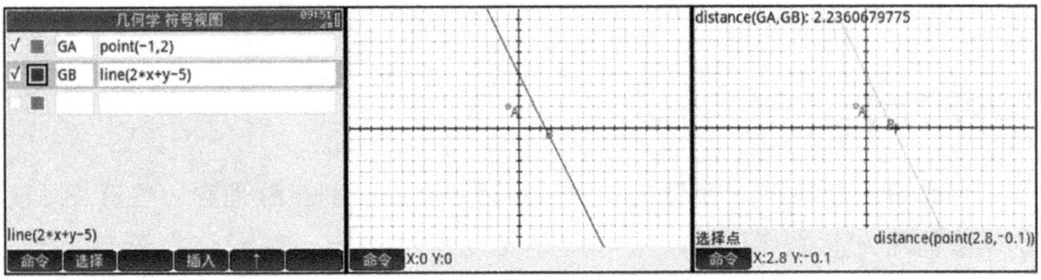


**图 3-10**

**分析说明** 在“几何学”应用程序中输入点和直线，可以直接求解.

**例 3** 解方程 $|x+3|+|x-1|=5$ 和 $|x+3|-|x-1|=3$，并用直线上两点间的距离公式说明它的实际意义.

**提示** 计算结果如图 3-11 所示.

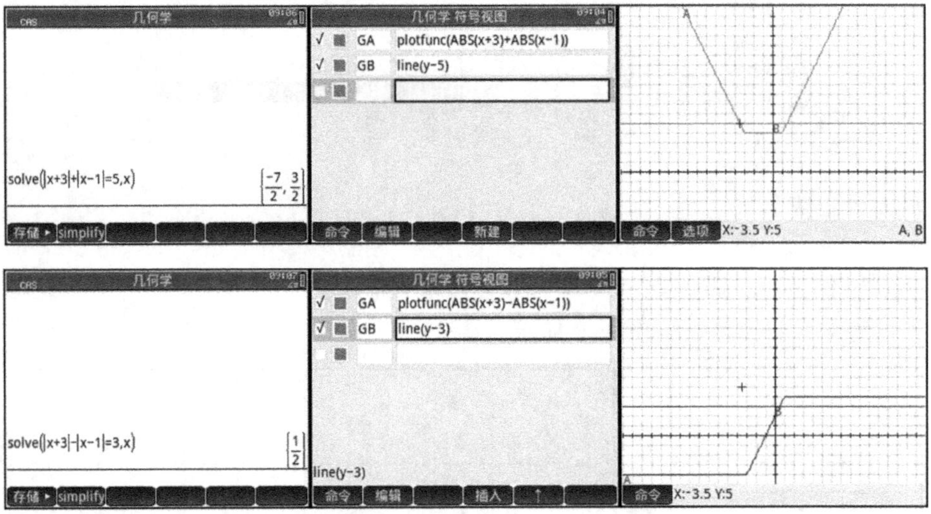


**图 3-11**

**分析说明** 把 $x$ 看成是横轴上动点 $P$ 的横坐标，则方程 $|x+3|+|x-1|=5$ 表示点 $P$ 到点 $-3$ 与 $1$ 的距离之和等于 5；方程 $|x+3|-|x-1|=3$ 表示点 $P$ 到点 $-3$ 与 $1$ 的距离之差等于 3. 输入方程表达式，利用图形计算器可以直接求解，也可以从函数的图象来理解方程的几何意义.

**例 4**　已知点 $A(-3,1)$ 和点 $B(3,2)$，在 $x$ 轴上求一点 $P$，使 $PA+PB$ 取得最小值，并求出此最小值.

**提示**　计算结果如图 3-12 所示.

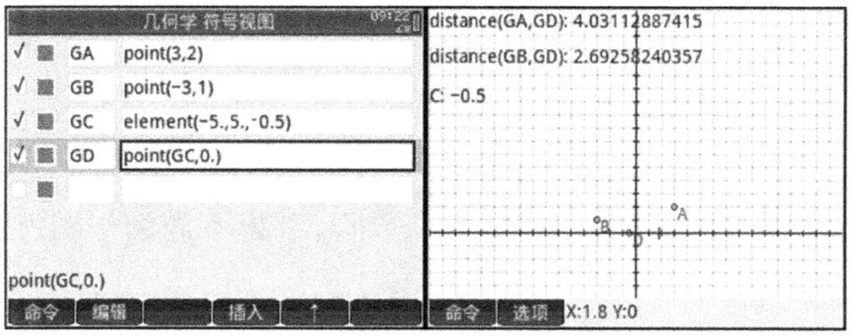


**图 3-12**

**分析说明**　在 $x$ 轴上选一动点 $P$，测量 $PA+PB$ 的值，可以大致判定当 $x=-1$ 时取最小值. 利用轴对称变换画出点 $A$ 关于 $x$ 轴的对称点 $A_1$，连结 $A_1B$，可知结论正确. 也可以定义出距离函数 $f(x)$，用代数方法求解.

# 第3节　圆的方程与性质

## 【学习目标】

用图形计算器画圆，理解圆的定义和方程，掌握不同的作图方法.

## 【案例解读】

**例1**　用代数与几何等多种方法画出以(0,0)为圆心、2为半径的圆.

**提示**　(1) 几何画法，确定圆心与半径画圆(图3-13).

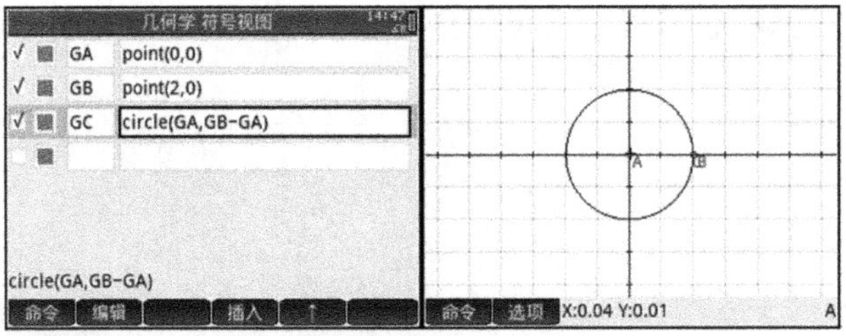


**图3-13**

(2) 代数画法，输入普通方程画圆(图3-14).

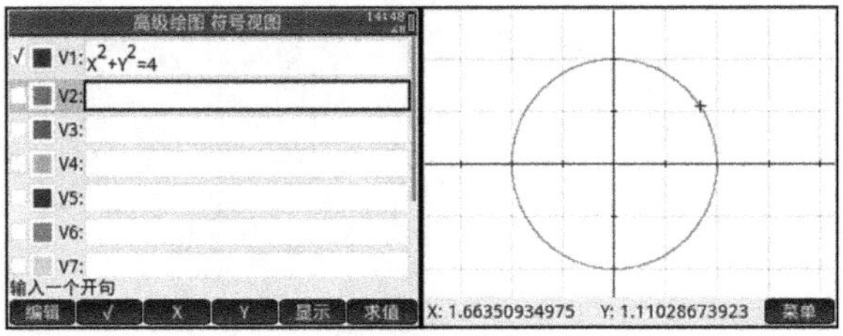


**图3-14**

(3) 代数画法，输入参数方程画圆(图3-15).

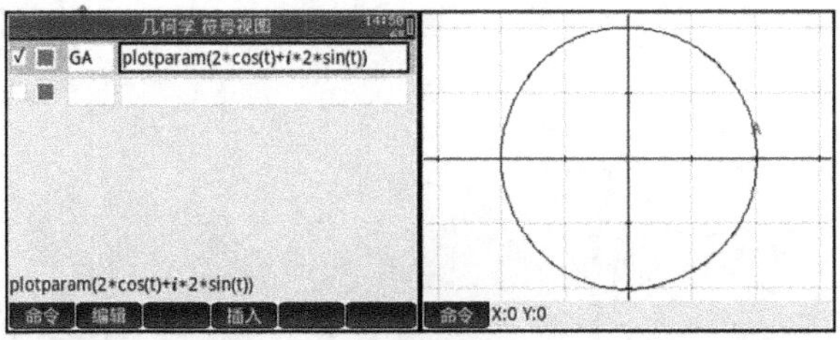


**图3-15**

(4) 代数画法，输入极坐标方程画圆(图 3-16).

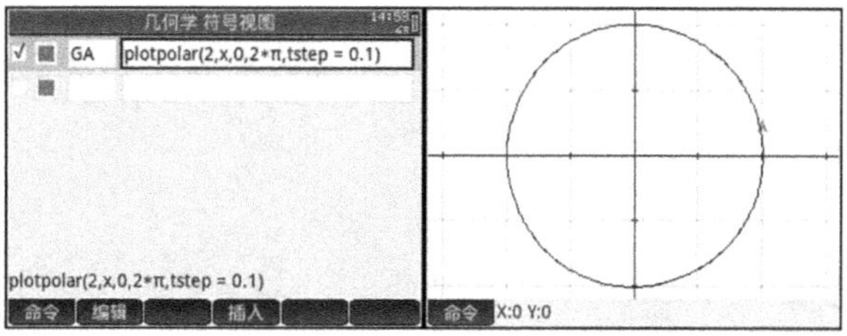


**图 3-16**

**分析说明**　画圆的方法各有所长，应根据问题的需要，选择适合的绘图方式.

**例 2**　将下列圆的方程化为标准方程，写出圆心坐标和半径，并画出图形.

(1) $x^2+y^2-4x-6y+12=0$；　　(2) $2x^2+2y^2-4x+8y+5=0$.

**提示**　函数图象如图 3-17 所示.

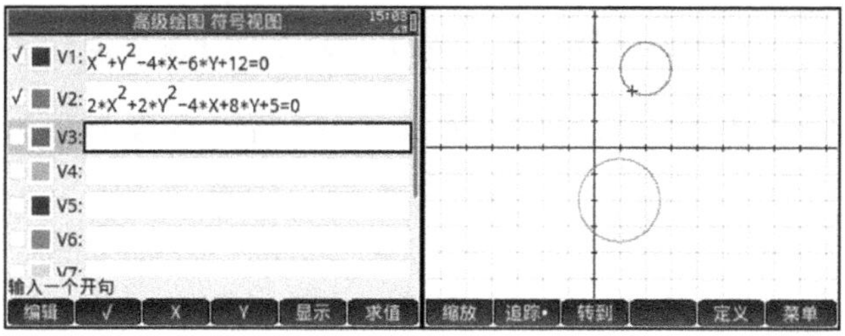


**图 3-17**

**分析说明**　在“高级绘图”应用程序中，可以直接输入圆的方程绘出曲线.

**例 3**　求经过三点(0,0)，(3,2)，(−4,0)的圆的方程，并画出此圆.

**提示**　绘制图象的步骤如图 3-18 所示.

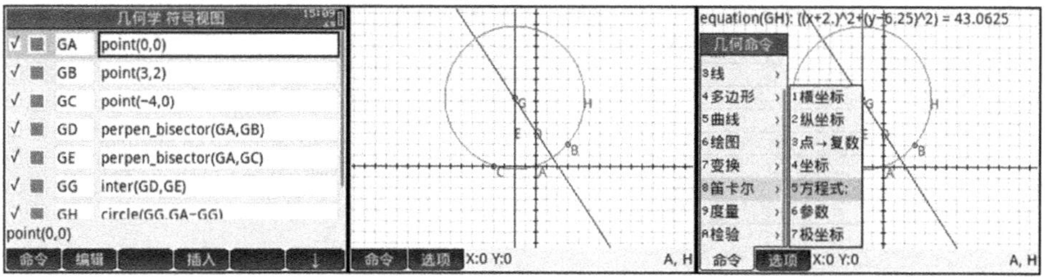


**图 3-18**

**分析说明**　可以先画出三个点，利用弦的垂直平分线确定圆心，然后画出圆.

注意：用图形计算器可以测出圆的方程，但这样得出的方程难免有计算误差，因为 $r=\frac{\sqrt{689}}{4}\approx 6.5622$. 利用图形计算器的代数运算功能，可以求出准确的圆的方程表达式.

**例 4** 已知点 $A(15,0)$，点 $P$ 是圆 $x^2+y^2=9$ 上的动点，$M$ 为线段 $PA$ 的中点，当点 $P$ 在圆上运动时，求动点 $M$ 的轨迹方程.

**提示** 所求轨迹方程如图 3-19 所示.

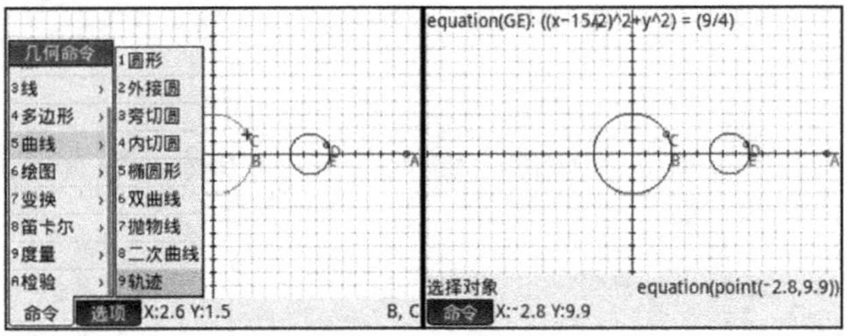


**图 3-19**

**分析说明** 使用圆的参数方程求线段 $PA$ 的中点参数坐标比较方便，学生也易于理解，消去参数后，动点 $M$ 的轨迹，即圆的标准方程为 $\left(x-\frac{15}{2}\right)^2+y^2=\frac{9}{4}$.

# 第 4 节　直线与圆、圆与圆的位置关系

## 【学习目标】

理解直线与圆、圆与圆的位置关系，能利用图形计算器解决直线与圆、圆与圆的有关问题.

## 【案例解读】

**例 1**　判断直线 $y=x+1$ 与圆 $x^2+y^2=9$ 的位置关系，若相交，求出交点的坐标.

**提示**　函数图象及交点坐标如图 3-20 所示.

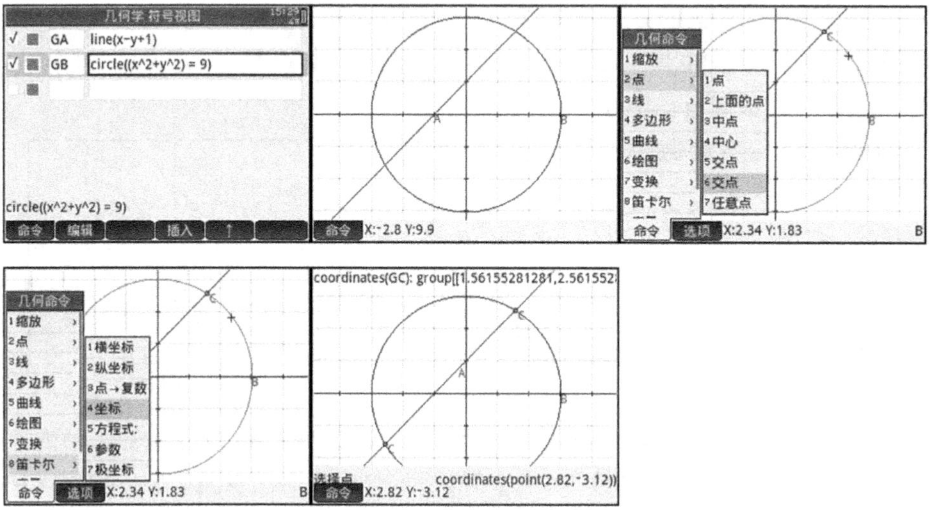


图 3-20

**分析说明**　输入函数表达式画出直线和圆，由图象观察出直线与圆相交. 选择“图象分析”功能，图形计算器能测出用近似值表示的交点坐标(1.561 6，2.561 6)和(−2.561 6，−1.561 6). 用“代数”功能可以求出交点的精确坐标是 $\left(\frac{-1+\sqrt{17}}{2},\frac{1+\sqrt{17}}{2}\right)$ 和 $\left(\frac{-1-\sqrt{17}}{2},\frac{1-\sqrt{17}}{2}\right)$. 在求直线与圆的交点时，圆应该由两个函数图象拼合绘制，否则不一定能求出交点坐标.

**例 2** 求经过圆$(x-1)^2+y^2=4$上一点$(2,\sqrt{3})$且与圆相切的切线方程.

**提示** 切线方程如图 3-21 所示.

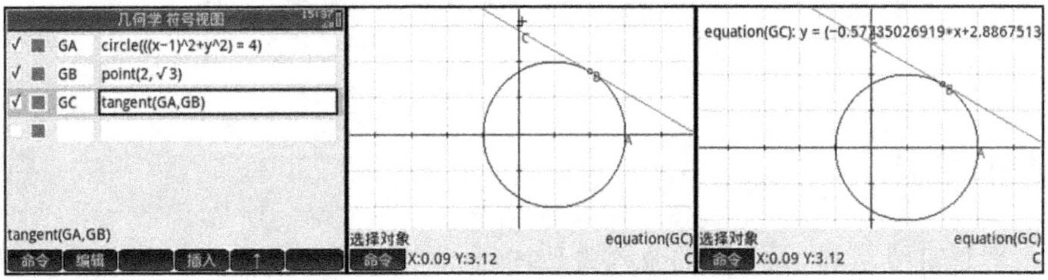


图 3-21

**分析说明** 利用"切线"命令可画出切线,并能测出切线方程$y=-0.58x+2.89$.

注意:测出切线方程的系数是近似值,有时误差较大,用图形计算器的"代数"功能可求出准确答案为$y=-\frac{\sqrt{3}}{3}x+\frac{5\sqrt{3}}{3}$.

**例 3** 已知圆的方程是$x^2+y^2=2$,直线方程是$y=x+b$,当$b$为何值时,圆与直线有两个公共点?只有一个公共点?没有公共点?

**提示** 函数图象如图 3-22 所示.

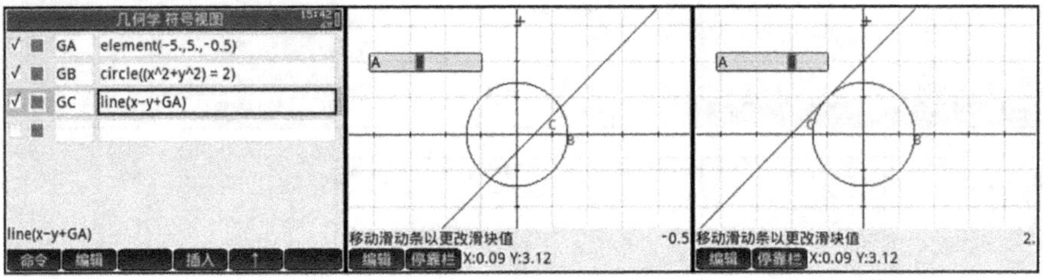


图 3-22

**分析说明** 插入滑动条,调成按钮形式后,改变$b$的值,则直线$y=x+b$上下移动.观察发现,当$b>2$或$b<-2$时,圆与直线没有公共点;当$b=2$或$b=-2$时,圆与直线只有一个公共点;当$-2<b<2$时,圆与直线有两个公共点.联立方程组求解,可以从逻辑上严格证明此结论.

**例 4** 判断圆$(x+1)^2+(y-1)^2=9$与圆$(x-1)^2+y^2=4$的位置关系.

**提示** 两圆的位置关系如图 3-23 所示.

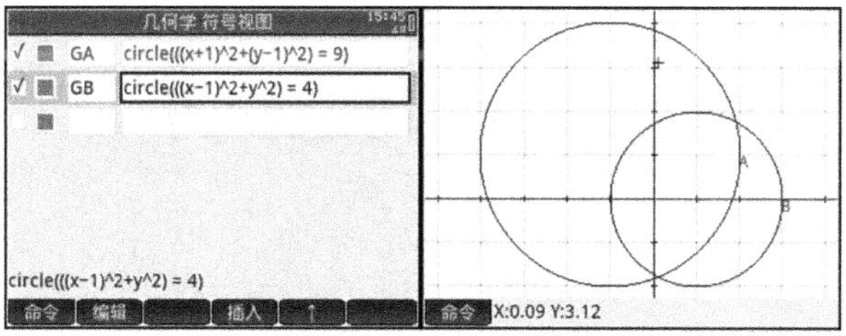


图 3-23

**分析说明**　选择用圆心、半径的方式画圆，观察图象可知两圆相交. 理论依据是两圆半径之和 $r_1+r_2=5$，大于圆心距$\sqrt{5}$.

## 第 5 节　圆的方程的应用

### 【学习目标】

体会数形结合思想在求解与圆有关的最值问题中的应用，掌握直线与圆的方程的实际应用，了解圆系的方程.

### 【案例解读】

**例 1**　已知实数 $x,y$ 满足方程 $(x-2)^2+y^2=3$，求：

(1) $\frac{y}{x}$ 的最大值和最小值；

(2) $y-x$ 的最大值和最小值；

(3) $x^2+y^2$ 的最大值和最小值.

**提示**　计算结果如图 3-24 所示.

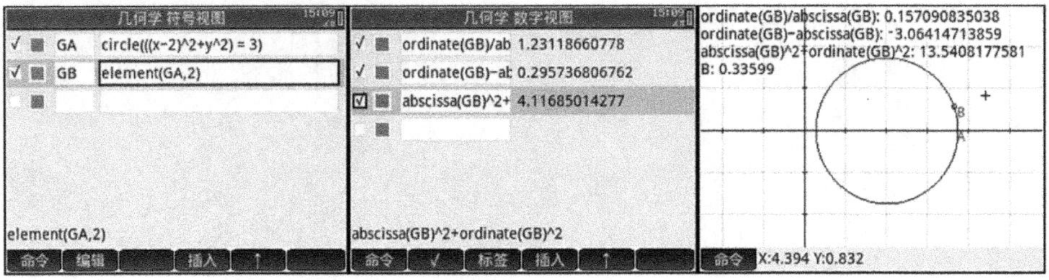


**图 3-24**

原方程表示以点 $(2,0)$ 为圆心、$\sqrt{3}$ 为半径的圆.

(1) 设 $\frac{y}{x}=k$，即 $y=kx$.

当直线 $y=kx$ 与圆相切时，斜率 $k$ 取得最大值和最小值.

此时 $\frac{|2k-0|}{\sqrt{k^2+1}}=\sqrt{3}$，解得 $k=\pm\sqrt{3}$. 故 $\frac{y}{x}$ 的最大值为 $\sqrt{3}$，最小值为 $-\sqrt{3}$.

(2) 设 $y-x=b$，即 $y=x+b$.

当 $y=x+b$ 与圆相切时，纵截距 $b$ 取得最大值和最小值.

此时 $\frac{|2-0+b|}{\sqrt{2}}=\sqrt{3}$，即 $b=-2\pm\sqrt{6}$.

故 $y-x$ 的最大值为 $-2+\sqrt{6}$，最小值为 $-2-\sqrt{6}$.

(3) $x^2+y^2$ 表示圆上的点与原点距离的平方.

由平面几何知识知，它在原点与圆心所在直线与圆的两个交点处取得最大值和最小值. 又圆心到原点的距离为 2，故

$(x^2+y^2)_{\max}=(2+\sqrt{3})^2=7+4\sqrt{3}$,

$(x^2+y^2)_{\min}=(2-\sqrt{3})^2=7-4\sqrt{3}$.

**分析说明**　与圆有关的最值问题，有以下几种常见类型：

(1) 形如 $u=\dfrac{y-b}{x-a}$ 的最值问题，可转化为过点 $(x,y)$ 和 $(a,b)$ 的动直线的斜率的最值问题；

(2) 形如 $l=ax+by$ 的最值问题，可转化为动直线 $y=-\dfrac{a}{b}x+\dfrac{l}{b}$ 的截距的最值问题；

(3) 形如 $m=(x-a)^2+(y-b)^2$ 的最值问题，可转化为动点 $(x,y)$ 到定点 $(a,b)$ 的距离的平方的最值问题.

**例 2**　设点 $P$ 是直线 $2x+y+10=0$ 上的动点，$PA$，$PB$ 与圆 $x^2+y^2=4$ 分别相切于 $A$，$B$ 两点，则四边形 $PAOB$ 面积的最小值为__________.

**提示**　计算结果如图 3-25 所示.

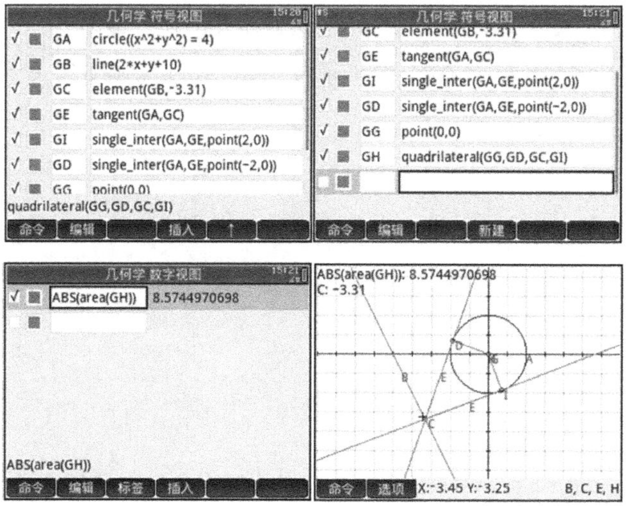


**图 3-25**

**解析** 如图 3-26 所示，因为 $S_{四边形PAOB}=2S_{\triangle POA}$，又 $OA\perp AP$，所以 $S_{四边形PAOB}=2\times\frac{1}{2}\cdot OA\cdot PA=2\sqrt{OP^2-OA^2}=2\sqrt{OP^2-4}$.

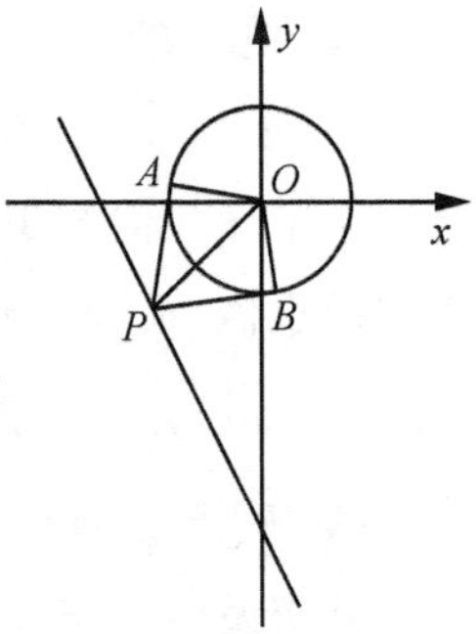

图 3-26

为使四边形 $PAOB$ 的面积最小，当且仅当 $OP$ 取得最小值，即为点 $O$ 到直线 $2x+y+10=0$ 的距离，故$OP_{\min}=\frac{10}{\sqrt{2^2+1^2}}=2\sqrt{5}$.

故所求最小值为 $2\sqrt{(2\sqrt{5})^2-4}=8$.

**分析说明** 求面积的最值问题往往转化为距离的最值问题.

## 【练习】

1. 已知圆 $C$:$(x+2)^2+y^2=1$,$P(x,y)$为圆 $C$ 上任一点.求:

(1) $\frac{y-2}{x-1}$的最大值与最小值;

(2) $x-2y$ 的最大值与最小值.

2. 已知点 $P(x,y)$是直线 $kx+y+4=0(k>0)$上一动点,$PA$,$PB$ 是圆 $C$:$x^2+y^2-2y=0$ 的两条切线,$A$,$B$ 是切点,若四边形 $PACB$ 的最小面积是 2,则 $k$ 的值为__________.

3. 台风中心从 $A$ 地以 20 km/h 的速度向东北方向移动,距台风中心30 km 内的地区为危险区,城市 $B$ 在 $A$ 地正东方向 40 km 处,则城市 $B$ 处于危险区内的时间为__________h.

# 第6节　圆锥曲线

## 【学习目标】

掌握圆锥曲线的定义，并能利用 HP Prime 图形计算器验证自己的猜想.

## 【基本操作】

如图 3-27 所示，在 HP Prime 图形计算器的“几何学”应用程序中，可以用“隐式”的方法绘制任意（二次）方程的曲线. 例如：想要绘制 $x^2+y^2=1$ 所对应的曲线，只需要在“隐式”选项中输入 $x^2+y^2-1$ 即可.

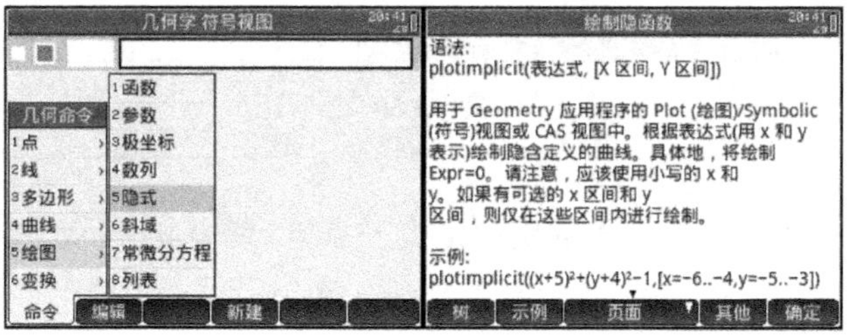


**图 3-27**

## 【案例解读】

**例 1**　观察图形，思考下列问题.

**思考 1**　如图 3-28 所示，把细绳两端拉开一段距离，分别固定在图板上的两点 $F_1$，$F_2$ 处，套上铅笔，拉紧绳子，移动笔尖，画出的轨迹是什么图形？请用图形计算器验证你的猜想.

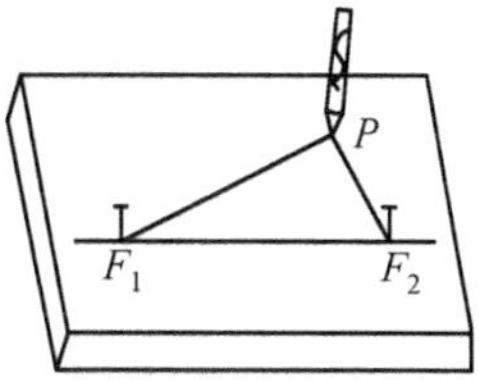


**图 3-28**

**答案**　椭圆（图 3-29）.

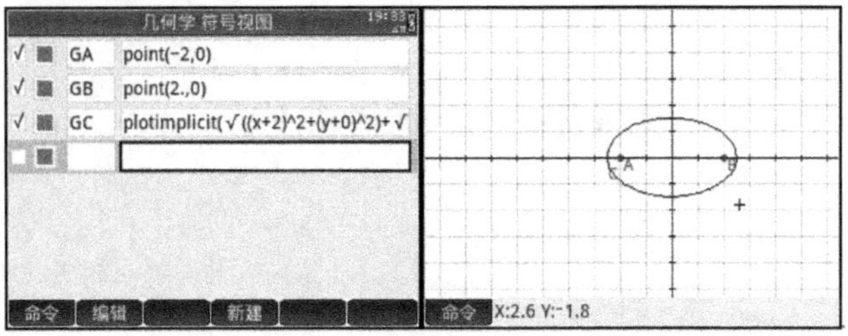


图 3-29

**思考 2** 图 3-28 中移动的笔尖始终满足怎样的几何条件?

**答案** $PF_1+PF_2$ 是常数(大于 $F_1F_2$)(图 3-30).

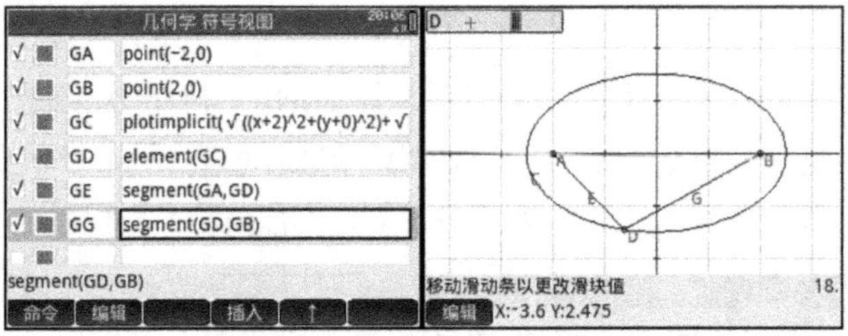


图 3-30

**例 2** 观察图 3-31,若固定拉链上一点 $F_1$ 或 $F_2$,拉开或闭拢拉链,拉链头 $M$ 经过的点可画出一条曲线,思考下列问题.

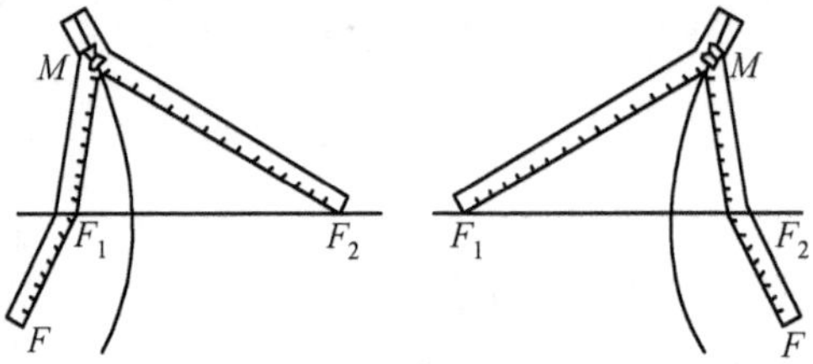


图 3-31

**思考 1** 图 3-31 中动点 $M$ 的几何性质是什么?

**答案** $|MF_1-MF_2|$ 为一个正常数.

**思考 2** 若 $|MF_1-MF_2|<F_1F_2$,则动点 $M$ 的轨迹是什么?并用图形计算器验证你的结论.

**答案** 双曲线(图 3-32).

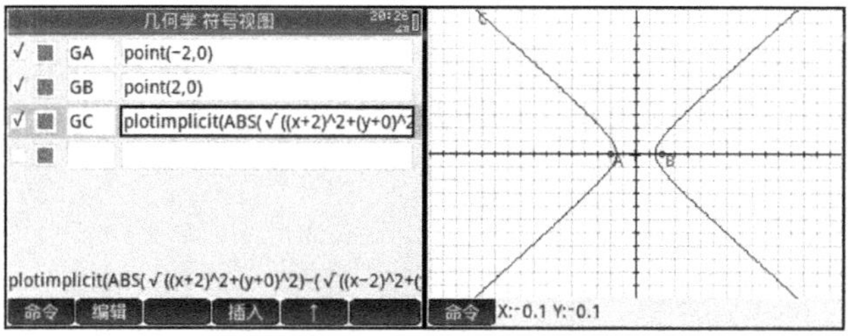


图 3-32

**例 3**　观察图 3-33，思考下列问题：

如图 3-33 所示，已知定点 $C$ 和定直线 $EF$，用三角板画出到定点 $C$ 的距离等于到定直线 $EF$ 的距离的动点 $D$ 的轨迹. 则动点 $D$ 的轨迹是什么？其满足什么条件？

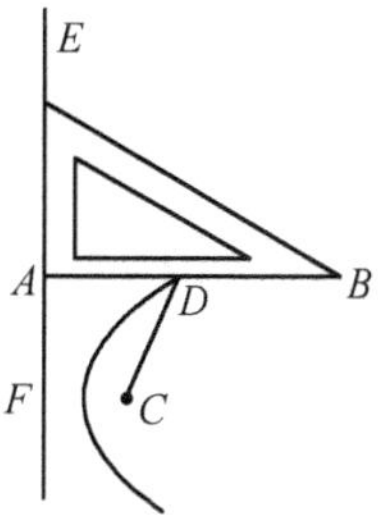


图 3-33

**答案**　抛物线(图 3-34). 动点 $D$ 到定点 $C$ 和定直线 $EF$ 的距离相等，且 $C$ 不在 $EF$ 上.

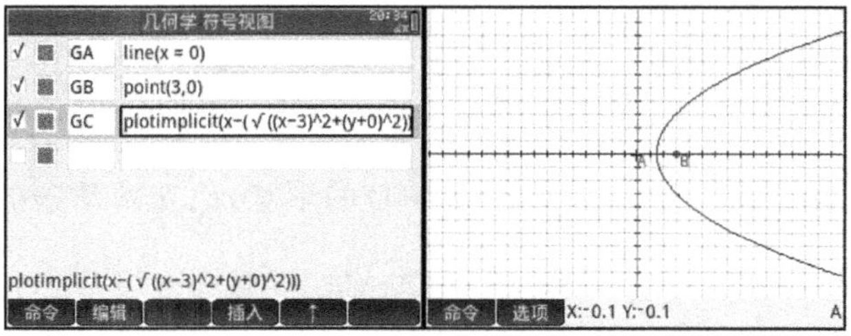


图 3-34

## 【练习】

1. 判断下列说法是否正确，并用图形计算器验证你的答案.

(1) 平面内到两定点的距离之和为常数的点的轨迹是椭圆.(　　)

(2) 平面内到两定点的距离之差的绝对值为常数的点的轨迹是双曲线.(　　)

(3) 抛物线上的点到焦点的距离与到准线的距离相等.(　　)

2. 平面内动点 $M$ 到两点 $F_1(-3,0)$，$F_2(3,0)$的距离之和为 $3m$，问 $m$ 取何值时 $M$ 的轨迹是椭圆？

3. 如图 3-35 所示，已知动圆 $C$ 与圆 $F_1$，$F_2$ 均外切(圆 $F_1$ 与圆 $F_2$ 相离)，试问：动点 $C$ 的轨迹是什么曲线？

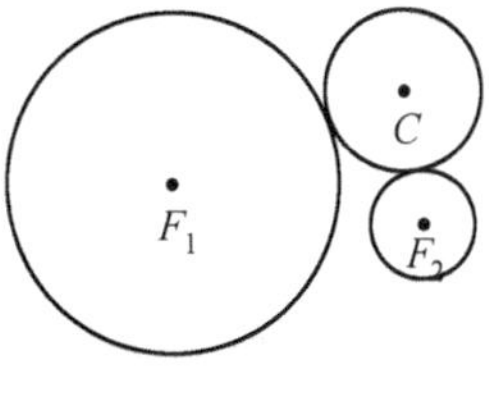


图 3-35

# 第7节　椭圆的几何性质

## 【学习目标】

在图形计算器中探索椭圆的简单几何性质，能根据椭圆的方程研究曲线的几何性质，并正确地画出它的图形. 根据几何条件求出曲线方程，并利用曲线的方程研究其图形和性质.

## 【基本操作】

利用数字视图可以将观测量放置在图形计算器的图形视图中进行动态观测.

## 【案例解读】

**例1**　绘制并观察椭圆$\frac{x^2}{a^2}+\frac{y^2}{b^2}=1(a>b>0)$的形状，改变滑动条的数值，你能从图中看出它的范围吗？它具有怎样的对称性？椭圆上哪些点比较特殊？

**提示**　函数图象如图3-36所示.

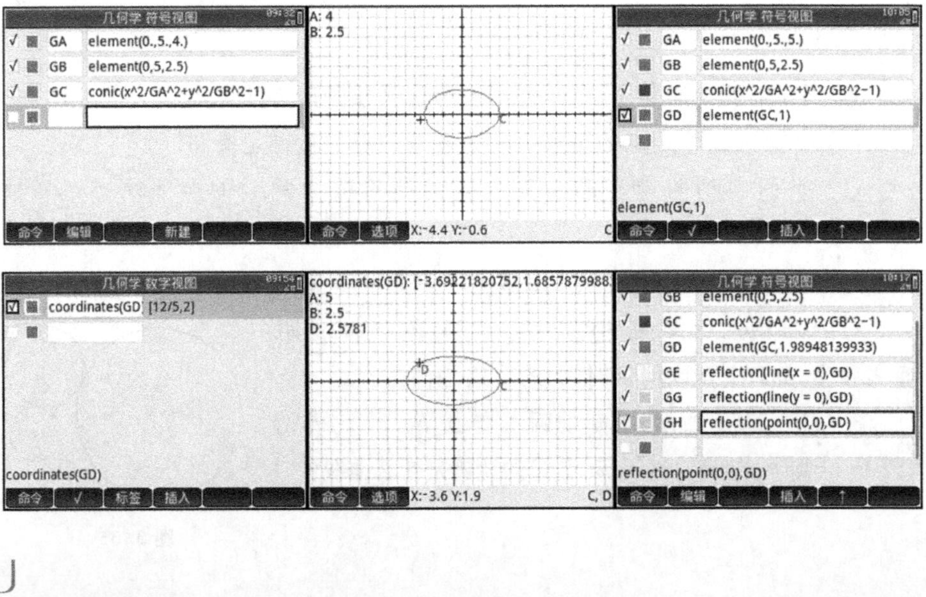

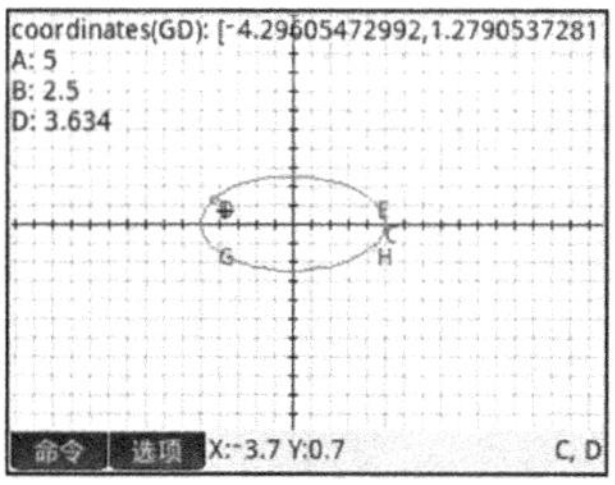


图 3-36

**答案**　(1) 范围：$x\in[-a,a]$，$y\in[-b,b]$；

(2) 对称性：椭圆关于 $x$ 轴、$y$ 轴、原点都对称；

(3) 特殊点：顶点 $A_1(-a,0)$，$A_2(a,0)$，$B_1(0,-b)$，$B_2(0,b)$.

**例 2**　结合图形计算器中的椭圆图形，填写表 3-1 并验证你的结论.

表 3-1　椭圆的几何性质

| | 焦点在 $x$ 轴上 | 焦点在 $y$ 轴上 |
|---|---|---|
| 标准方程 | $\frac{x^2}{a^2}+\frac{y^2}{b^2}=1(a>b>0)$ | $\frac{y^2}{a^2}+\frac{x^2}{b^2}=1(a>b>0)$ |
| 图形 | 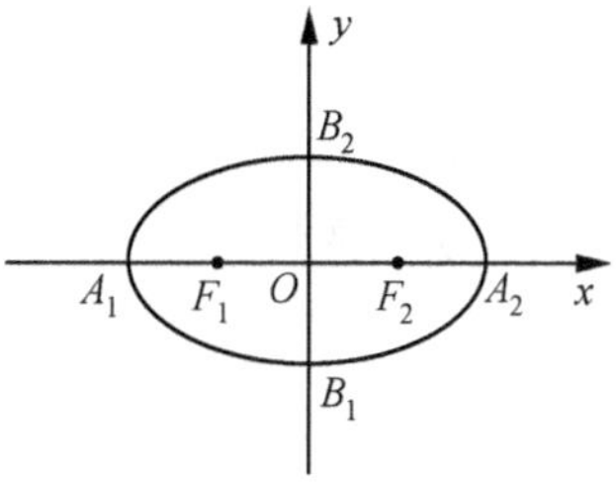  | 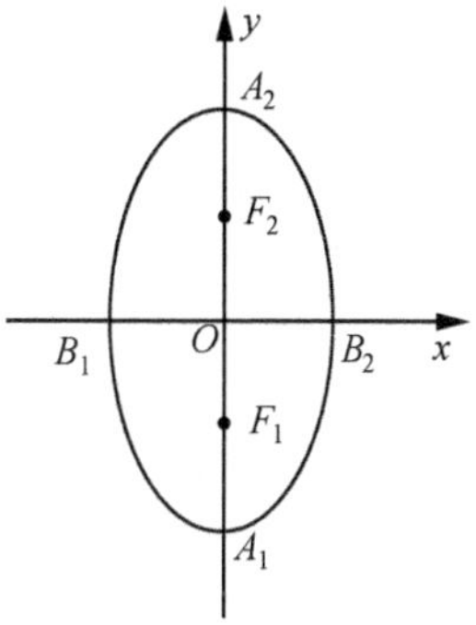  |
| 焦点坐标 | | |
| 对称性 | | |
| 顶点坐标 | | |
| 范围 | | |
| 长轴、短轴 | | |

**例 3** 如何刻画椭圆的扁圆程度?

**提示** 椭圆的图象如图 3-37 所示.

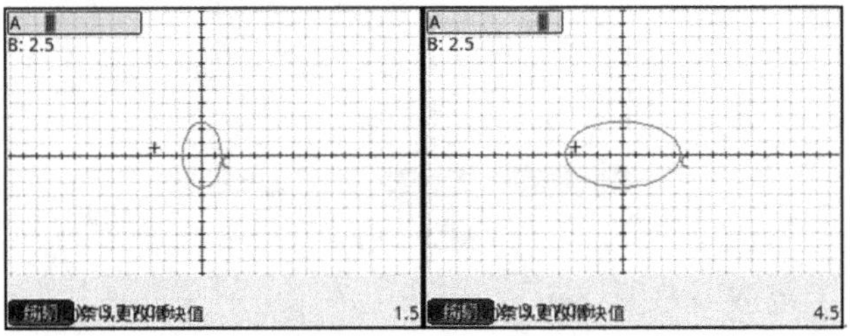


**图 3-37**

**答案** 用椭圆的离心率刻画椭圆的扁圆程度,$e$ 越接近于 0,椭圆越接近于圆,反之,越扁.

**知识梳理** (1) 焦距与长轴长的比$\frac{c}{a}$称为椭圆的离心率,记为 $e=\frac{c}{a}$.

(2) 如图 3-38 所示,对于$\frac{x^2}{a^2}+\frac{y^2}{b^2}=1$,$b$ 越小,对应的椭圆越扁;反之,$e$ 越接近于 0,$c$ 就越接近于 0,从而 $b$ 越接近于 $a$,这时椭圆越接近于圆. 于是,当且仅当$a=b$时,$c=0$,两焦点重合,图形变成圆,方程变为 $x^2+y^2=a^2$.

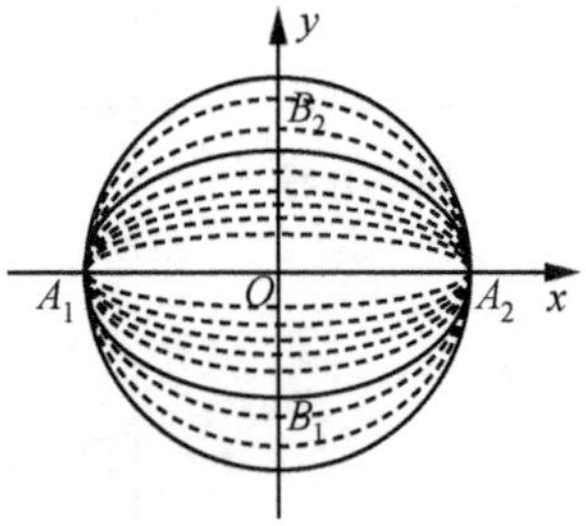


**图 3-38**

**例 4** 已知点 $F_1$,$F_2$ 分别是椭圆 $x^2+2y^2=2$ 的左、右焦点,点 $P$ 是该椭圆上的一个动点,那么$|\overrightarrow{PF_1}+\overrightarrow{PF_2}|$的最小值是______.

**答案** 2.

**解析** 设 $P(x_0,y_0)$,则$\overrightarrow{PF_1}=(-1-x_0,-y_0)$,$\overrightarrow{PF_2}=(1-x_0,-y_0)$.

所以$\overrightarrow{PF_1}+\overrightarrow{PF_2}=(-2x_0,-2y_0)$.

所以$|\overrightarrow{PF_1}+\overrightarrow{PF_2}|=\sqrt{4x_0^2+4y_0^2}$

$$=2\sqrt{2-2y_0^2+y_0^2}$$

$$=2\sqrt{-y_0^2+2}.$$

$\because$ 点 $P$ 在椭圆上,$\therefore$ $0\leqslant y_0^2\leqslant 1$.

$\therefore$ 当 $y_0^2=1$ 时,$|\overrightarrow{PF_1}+\overrightarrow{PF_2}|$取最小值 2.

# 第8节 双曲线的几何性质

## 【学习目标】

了解双曲线的几何性质(范围、对称性、顶点、实轴长和虚轴长等),理解离心率的定义、取值范围和渐近线方程,掌握标准方程中 $a$,$b$,$c$,$e$ 间的关系.

## 【基本操作】

如图 3-39 所示,利用“高级绘图”应用程序直接绘制给定方程的曲线.

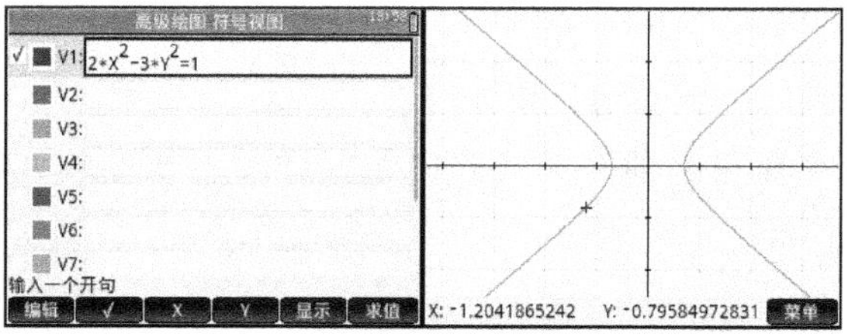


图 3-39

## 【案例解读】

**例 1** 类比椭圆几何性质的研究过程,用图形计算器绘制几个特殊的双曲线的图象,并填写表 3-2.

表 3-2 双曲线的几何性质

| 标准方程 | | $\frac{x^2}{a^2}-\frac{y^2}{b^2}=1(a>0,b>0)$ | $\frac{y^2}{a^2}-\frac{x^2}{b^2}=1(a>0,b>0)$ |
|---|---|---|---|
| 图形 | | | |
| 性质 | 范围 | | |
| | 对称性 | 对称轴: | 对称中心: |
| | 顶点 | | |
| | 渐近线 | | |
| | 离心率 | | |
| $a$,$b$,$c$ 间的关系 | | | |

**例 2** 求下列双曲线的实半轴长、虚半轴长，并分析其共同点.

(1) $x^2-y^2=1$；　　(2) $4x^2-4y^2=1$.

**提示** 双曲线的图象如图 3-40 所示.

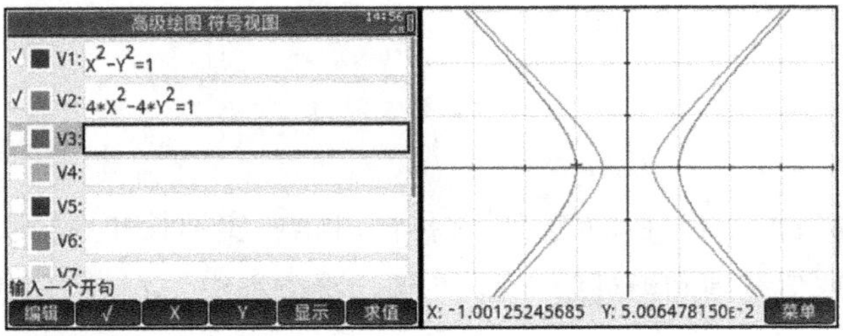


图 3-40

**答案** (1) 实半轴长为 1，虚半轴长为 1.

(2) 实半轴长为$\frac{1}{2}$，虚半轴长为$\frac{1}{2}$.

它们的实半轴长与虚半轴长相等.

**知识梳理** 实轴和虚轴等长的双曲线叫作等轴双曲线，其渐近线方程为 $y=\pm x$，离心率为$\sqrt{2}$.

**例 3** 双曲线中的焦点三角形和特征三角形问题.

运用“几何学”应用程序绘制双曲线中的焦点三角形和特征三角形，观察其特征，解决以下两个问题：

(1) 已知 $F_1$，$F_2$ 是双曲线$\frac{x^2}{a^2}-\frac{y^2}{b^2}=1(a>0,b>0)$的两个焦点，$PQ$ 是经过 $F_1$ 且垂直于 $x$ 轴的双曲线的弦，如果$\angle PF_2Q=90^\circ$，求双曲线的离心率.

(2) 已知双曲线$\frac{x^2}{4}-\frac{y^2}{b^2}=1(b>0)$的离心率为 2，则它的一个焦点到其中一条渐近线的距离为______.

**提示** 函数图象如图 3-41 所示.

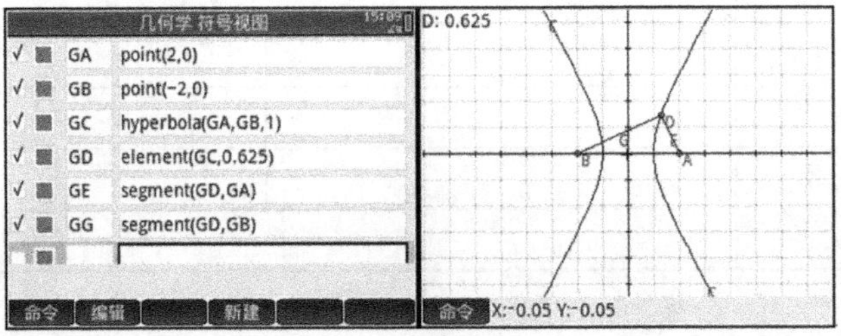

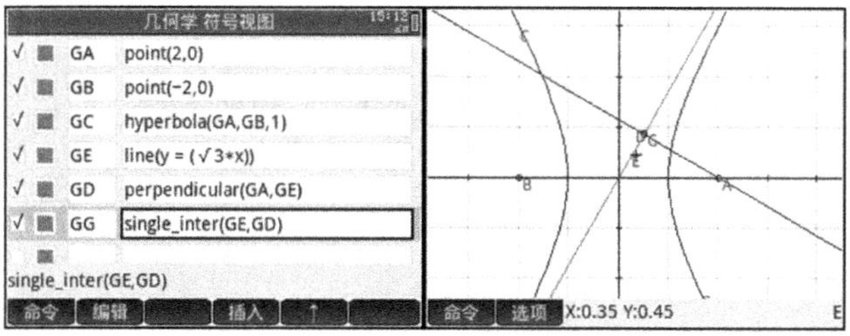


图 3-41

**解**　(1) 设 $F_1(c,0)$，将 $x=c$ 代入双曲线的方程得 $\frac{c^2}{a^2}-\frac{y^2}{b^2}=1$，那么 $y=\pm\frac{b^2}{a}$.

由 $PF_2=QF_2$，$\angle PF_2Q=90^\circ$，知 $PF_1=F_1F_2$.

所以 $\frac{b^2}{a}=2c$，即 $b^2=2ac$.

从而 $c^2-2ac-a^2=0$，所以 $\left(\frac{c}{a}\right)^2-2\times\frac{c}{a}-1=0$，

即 $e^2-2e-1=0$，解得 $e=1+\sqrt{2}$ 或 $e=1-\sqrt{2}$（舍去）.

所以双曲线的离心率为 $1+\sqrt{2}$.

(2) 由双曲线的方程知 $a=2$.

又 $e=\frac{c}{a}=2$，所以 $c=4$，

所以 $b=\sqrt{c^2-a^2}=\sqrt{12}=2\sqrt{3}$.

所以双曲线的一条渐近线方程为 $y=\frac{b}{a}x=\sqrt{3}x$，一个焦点为 $F(4,0)$.

焦点 $F$ 到渐近线 $y=\sqrt{3}x$ 的距离 $d=\frac{4\sqrt{3}}{\sqrt{1+(\sqrt{3})^2}}=2\sqrt{3}$.

# 第 9 节　抛物线的几何性质

## 【学习目标】

了解抛物线的范围、对称性、顶点、焦点、准线等几何性质，会利用抛物线的几何性质解决一些简单的抛物线问题.

## 【案例解读】

**例 1**　绘制一些焦点在 $x$ 轴上的抛物线、双曲线及椭圆的图形并观察，思考以下问题：

（1）观察并分析其几何图形存在哪些区别.

（2）根据图形及抛物线方程 $y^2=2px(p>0)$ 如何确定横坐标 $x$ 的范围？

**提示**　函数图象如图 3-42 所示.

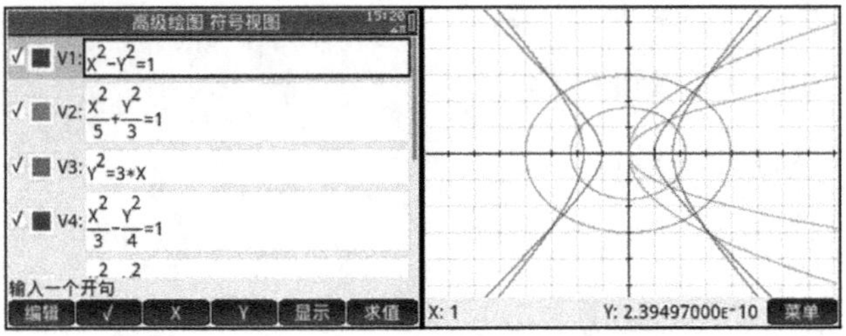


图 3-42

**答案**　（1）抛物线与另两种曲线相比较，有明显的不同. 椭圆是封闭曲线，有四个顶点、两个焦点，有中心；双曲线虽然不是封闭曲线，但是有两支，有两个顶点、两个焦点，有中心；抛物线只有一条曲线、一个顶点、一个焦点，无中心.

（2）由抛物线 $y^2=2px(p>0)$ 有 $\begin{cases}2px=y^2\geqslant 0,\\ p>0,\end{cases}$ 所以 $x\geqslant 0$. 所以抛物线横坐标 $x$ 的范围为 $x\geqslant 0$. 抛物线在 $y$ 轴的右侧，当 $x$ 的值增大时，$|y|$ 也增大，这说明抛物线向右上方和右下方无限延伸.

将四种形式的抛物线的几何性质填在表 3-3 中.

表 3-3　四种形式的抛物线的几何性质

| 标准方程 | $y^2=2px(p>0)$ | $y^2=-2px(p>0)$ | $x^2=2py(p>0)$ | $x^2=-2py(p>0)$ |
| --- | --- | --- | --- | --- |
| 图形 | | | | |
| 范围 | | | | |
| 对称轴 | | | | |
| 焦点 | | | | |
| 准线方程 | | | | |
| 顶点坐标 | | | | |
| 通径长 | | | | |

**例 2**　设抛物线 $y^2=4x$ 的焦点为 $F$，点 $P(x,y)$ 为该抛物线上的动点，已知点 $A(-1,0)$，求 $\dfrac{PF}{PA}$ 的最小值. 通过图形计算器的实验探索，证明你的猜想.

**提示**　抛物线的图象如图 3-43 所示.

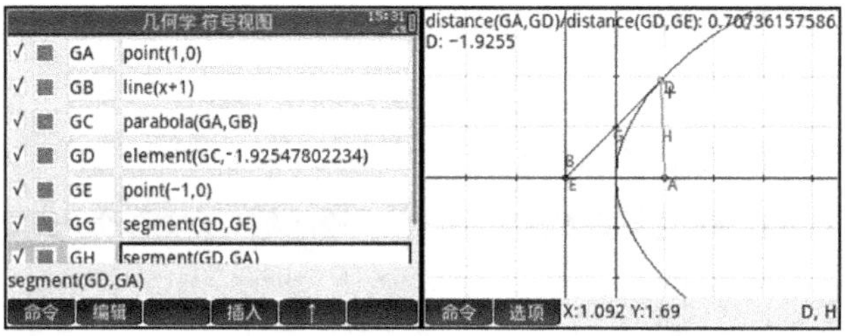


图 3-43

**提示**　抛物线 $y^2=4x$ 的准线方程为 $x=-1$.

如图 3-44 所示，过点 $P$ 作 $PN$ 垂直于直线 $x=-1$，垂足为点 $N$.

由抛物线的定义可知 $PF=PN$.

连结 $PA$，在 $\mathrm{Rt}\triangle PAN$ 中，$\sin\angle PAN=\dfrac{PN}{PA}$.

当 $\dfrac{PN}{PA}=\dfrac{PF}{PA}$ 最小时，$\sin\angle PAN$ 最小，即 $\angle PAN$ 最小，即 $\angle PAF$ 最大.

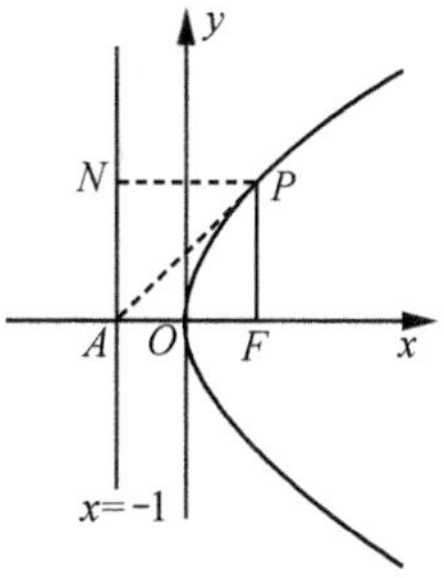


图 3-44

此时，$PA$ 为抛物线的切线，切线 $PA$ 的斜率一定存在.

设 $PA$ 的方程为 $y=k(x+1)$.

联立$\begin{cases}y=k(x+1),\\ y^2=4x,\end{cases}$得 $k^2x^2+(2k^2-4)x+k^2=0$.

所以 $\Delta=(2k^2-4)^2-4k^4=0$，解得 $k=\pm1$.

所以$\angle PAF=\angle NPA=45°$.

此时$\dfrac{PF}{PA}=\dfrac{PN}{PA}=\cos\angle NPA=\dfrac{\sqrt{2}}{2}$.

综上，$\dfrac{PF}{PA}$的最小值为$\dfrac{\sqrt{2}}{2}$.

**分析说明** (1) 若曲线和直线相离，在曲线上求一点到直线的距离最小的问题，可找到与已知直线平行的直线，使其与曲线相切，则切点为所要求的点.

(2) 在曲线上求一点到直线的距离最小的问题一般转化为“两点之间线段最短”或“点到直线的垂线段最短”来解决.

**例 3** 抛物线 $y^2=2px(p>0)$上有两个动点 $A,B$ 及一个定点 $M$，$F$ 为抛物线的焦点，若 $AF,MF,BF$ 成等差数列.

(1) 求证：线段 $AB$ 的垂直平分线过定点 $Q$；

(2) 若 $MF=4,OQ=6$($O$ 为坐标原点)，求抛物线的方程.

**提示** 计算结果如图 3-45 所示.

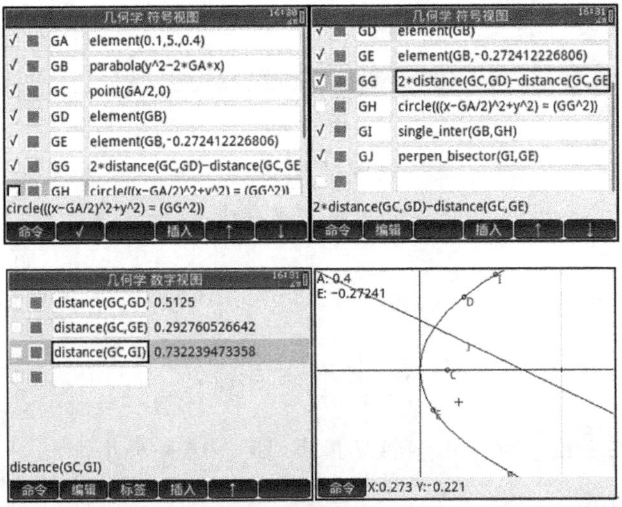


图 3-45

(1) **证明**　设点 $A(x_1,y_1)$，$B(x_2,y_2)$，$M(x_0,y_0)$，
则 $AF=x_1+\frac{p}{2}$，$BF=x_2+\frac{p}{2}$，$MF=x_0+\frac{p}{2}$，$x_0$ 为已知值.

由题意得 $x_0=\frac{x_1+x_2}{2}$，所以线段 $AB$ 的中点坐标可设为 $(x_0,t)$，
其中 $t=\frac{y_1+y_2}{2}\neq 0$（否则，$AF=MF=BF\Rightarrow p=0$）.

而 $k_{AB}=\frac{y_1-y_2}{x_1-x_2}=\frac{y_1-y_2}{\frac{1}{2p}(y_1^2-y_2^2)}=\frac{2p}{y_1+y_2}=\frac{p}{t}$，
故线段 $AB$ 的垂直平分线的方程为 $y-t=-\frac{t}{p}(x-x_0)$，
即 $t(x-x_0-p)+yp=0$，可知线段 $AB$ 的垂直平分线过定点 $Q(x_0+p,0)$.

(2) **解**　由 $MF=4$，$OQ=6$，得 $x_0+\frac{p}{2}=4$，$x_0+p=6$，联立两式解得 $p=4$，
$x_0=2$. 故抛物线的方程为 $y^2=8x$.

# 第 10 节　圆锥曲线的统一定义

## 【学习目标】

了解三种圆锥曲线的统一定义，掌握三种圆锥曲线的区别与联系，学会利用圆锥曲线的统一定义解有关问题，掌握圆锥曲线的准线方程的概念.

## 【案例解读】

**例 1**　分别求下列各动点的轨迹：

(1) 定点 $F$，定直线为 $l$，$F\notin l$，动点 $M$ 到定点 $F$ 的距离 $MF$ 与动点 $M$ 到定直线 $l$ 的距离 $d$ 的比值为 2；

(2) 定点 $F$，定直线为 $l$，$F\notin l$，动点 $M$ 到定直线 $l$ 的距离 $d$ 与动点 $M$ 到定点 $F$ 的距离 $MF$ 的比值为 5；

(3) 到定点 $F$ 和到定直线 $l$ 的距离相等的点的轨迹；

(4) 定点 $F$，定直线为 $l$，$F\notin l$，到定点 $F$ 的距离与到定直线 $l$ 的距离的比大于 1 的点的轨迹.

**提示**　各动点的轨迹如图 3-46 所示.

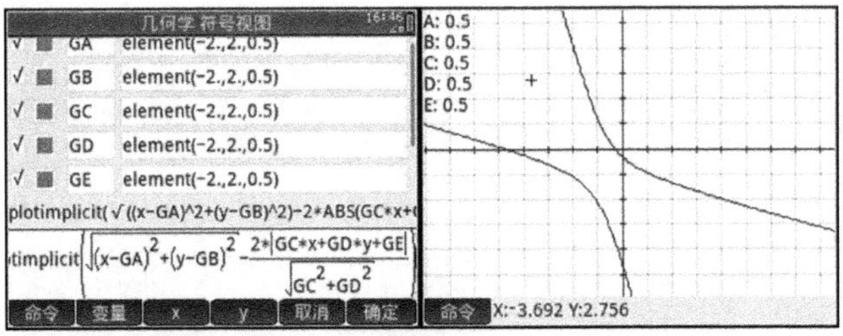


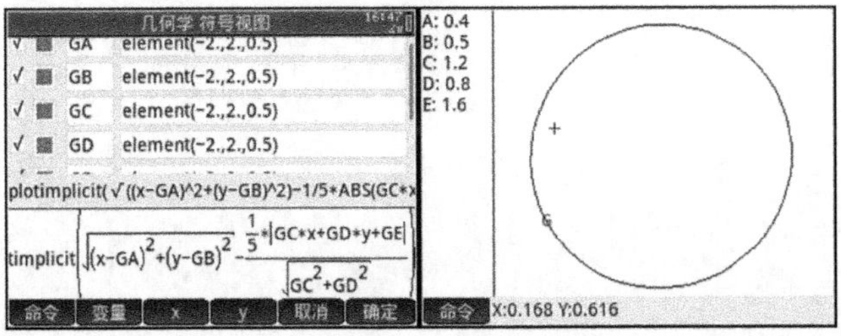

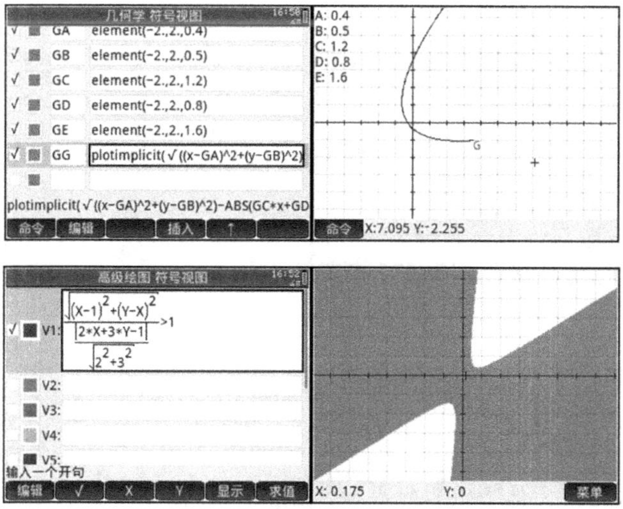


图 3-46

**提示**　(1) 因为$\dfrac{MF}{d}=2>1$,所以动点的轨迹是双曲线.

(2) 因为$\dfrac{d}{MF}=5$,所以$0<\dfrac{MF}{d}=\dfrac{1}{5}<1$,所以动点的轨迹是椭圆.

(3) 当$F\in l$时,动点的轨迹是过$F$且与$l$垂直的直线;

当$F\notin l$时,动点的轨迹是抛物线.

(4) 动点的轨迹不是双曲线,因为比值虽然大于1,但不一定是常数,动点的轨迹是一个平面区域.

**分析说明**　判断所给曲线是哪种圆锥曲线,常利用圆锥曲线的定义求解,其思路是:

(1) 如果遇到动点到两定点的距离问题应自然联想到椭圆及双曲线的定义;

(2) 如果遇到动点到一个定点和一条定直线的距离问题应自然联想到圆锥曲线的共同性质.

**例 2**　已知$A(4,0)$,$B(2,2)$是椭圆$\dfrac{x^2}{25}+\dfrac{y^2}{9}=1$内的两个点,$M$是椭圆上的动点,求:

(1) $MA+MB$的最大值和最小值;

(2) $MB+\dfrac{5}{4}MA$的最小值及点$M$的坐标.

**提示** 计算结果如图 3-47 所示.

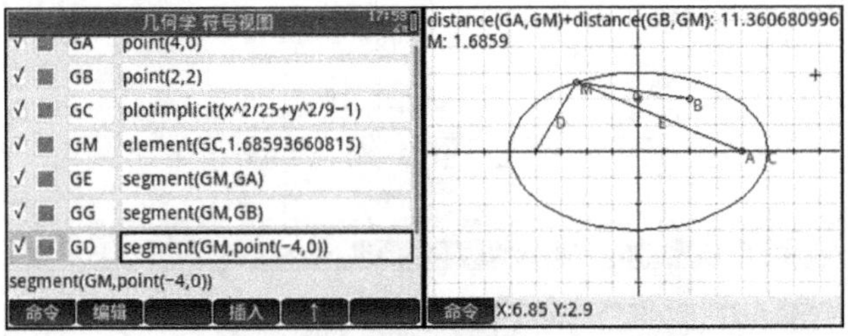


图 3-47

**分析说明** (1) 如图 3-48 所示,由$\frac{x^2}{25}+\frac{y^2}{9}=1$,知 $a=5$,$b=3$,$c=4$.

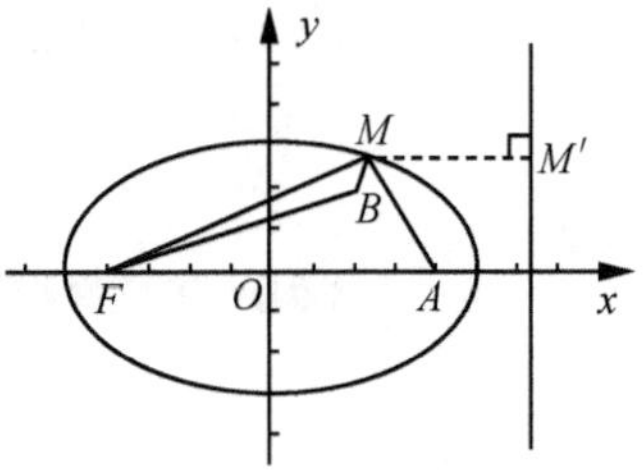


图 3-48

所以点 $A(4,0)$为椭圆的右焦点,则左焦点为 $F(-4,0)$.

则 $MA+MF=2a=10$,即 $MA+MB=10-MF+MB$.

因为$|MB-MF|\leqslant BF=\sqrt{(-4-2)^2+(0-2)^2}=2\sqrt{10}$,
所以$-2\sqrt{10}\leqslant MB-MF\leqslant 2\sqrt{10}$,
故 $10-2\sqrt{10}\leqslant MA+MB\leqslant 10+2\sqrt{10}$.

即 $MA+MB$ 的最大值为 $10+2\sqrt{10}$,最小值为 $10-2\sqrt{10}$.

(2) 由题意知,椭圆的右准线为 $x=\frac{25}{4}$,过 $M$ 点作右准线的垂线,垂足为 $M'$,由圆锥曲线的统一定义知$\frac{MA}{MM'}=e=\frac{4}{5}$,即$\frac{5}{4}MA=MM'$.

所以 $MB+\frac{5}{4}MA=MB+MM'$. 当 $B$,$M$,$M'$三点共线时,$MB+MM'$有最小值,最小值为 $BM'=\frac{25}{4}-2=\frac{17}{4}$.

当 $y=2$ 时,由$\frac{x^2}{25}+\frac{2^2}{9}=1$,解得 $x=\frac{5\sqrt{5}}{3}$或 $x=-\frac{5\sqrt{5}}{3}$(舍去),此时点 $M$ 的坐标为$\left(\frac{5\sqrt{5}}{3},2\right)$.

## 第11节 曲线与方程

### 【学习目标】

了解曲线上的点与方程的解之间的一一对应关系；初步领会“曲线的方程”与“方程的曲线”的概念；学会分析、判断曲线与方程的关系，强化“形”与“数”的统一以及相互转化的思想方法；了解求曲线方程的步骤，会求简单曲线的方程；掌握求两条曲线交点的方法；领会运用坐标法研究直线与圆锥曲线的位置关系.

### 【基本操作】

如图 3-49 所示，“几何学”应用程序中“数字”视图可以进行点是否在曲线上的检验操作. 但要注意，现行版本的“几何学”应用程序在绘图时是不考虑定义域的，因此较为保险的方法是再通过“高级绘图”应用程序进行检验.

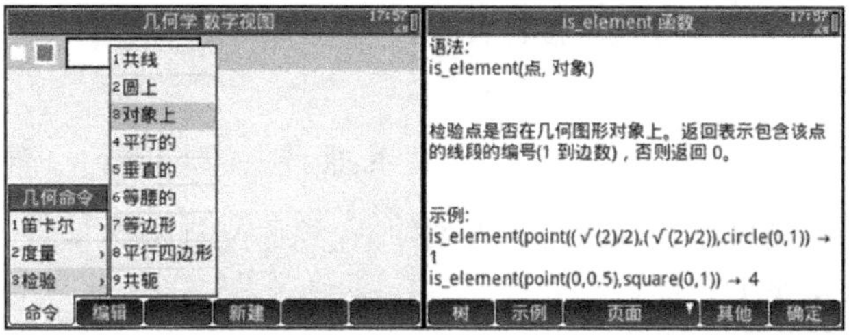
几何学 数字视图
1共线
2圆上
3对象上
4平行的
5垂直的
6等腰的
7等边形
8平行四边形
9共轭
几何命令
1笛卡尔
2度量
3检验
命令
编辑
新建
is_element 函数
语法:
is_element(点, 对象)
检验点是否在几何图形对象上。返回表示包含该点的线段的编号(1 到边数)，否则返回 0。
示例:
is_element(point((√(2)/2),(√(2)/2)),circle(0,1)) → 1
is_element(point(0,0.5),square(0,1)) → 4
树
示例
页面
其他
确定

图 3-49

### 【案例解读】

**例 1** 方程$(x-4y-12)[(-3)+\log_2(x+2y)]=0$表示的曲线经过点$A(0,-3)$，$B(0,4)$，$C\left(\frac{5}{3},-\frac{7}{4}\right)$，$D(8,0)$中的________个.

**提示** 计算结果如图 3-50 所示.

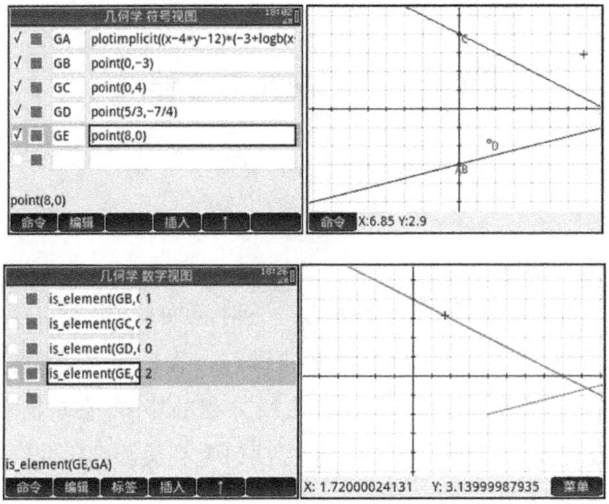


图 3-50

**答案** 2.

**解析** 由对数的真数大于 0,得 $x+2y>0$.

所以 $A(0,-3)$,$C\left(\frac{5}{3},-\frac{7}{4}\right)$不符合要求;

将 $B(0,4)$代入方程检验,符合要求;

将 $D(8,0)$代入方程检验,符合要求.

**分析说明** 点与实数解建立了如下关系:曲线上的点$(x_0,y_0)$都是 $f(x,y)=0$ 的解$\Leftrightarrow$曲线上的点的坐标都是这个方程的解.因此要判断点是否在曲线上只需验证该点是否满足方程即可.

**例 2** 方程$(2x+3y-5)(\sqrt{x-3}-1)=0$ 表示的曲线是什么?

**提示** 方程表示的曲线如图 3-51 所示.

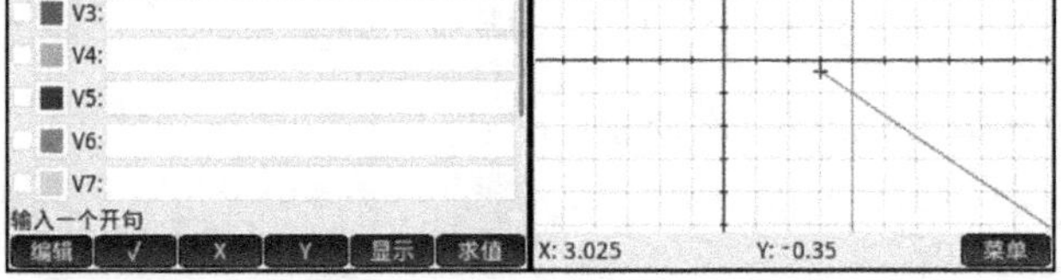


图 3-51

因为$(2x+3y-5)(\sqrt{x-3}-1)=0$,

所以可得$\begin{cases}2x+3y-5=0,\\x-3\geqslant 0\end{cases}$或者$\sqrt{x-3}-1=0$，即$2x+3y-5=0(x\geqslant 3)$或者$x=4$，故方程表示的曲线为一条射线$2x+3y-5=0(x\geqslant 3)$和一条直线$x=4$.

**例 3** 已知△$ABC$的两个顶点$A$，$B$的坐标分别为$A(0,0)$，$B(6,0)$，顶点$C$在曲线$y=x^2+3$上运动，试用图形计算器绘制以上图形，猜想△$ABC$重心的轨迹并求轨迹方程.

**提示** 绘制图形的步骤如图 3-52 所示.

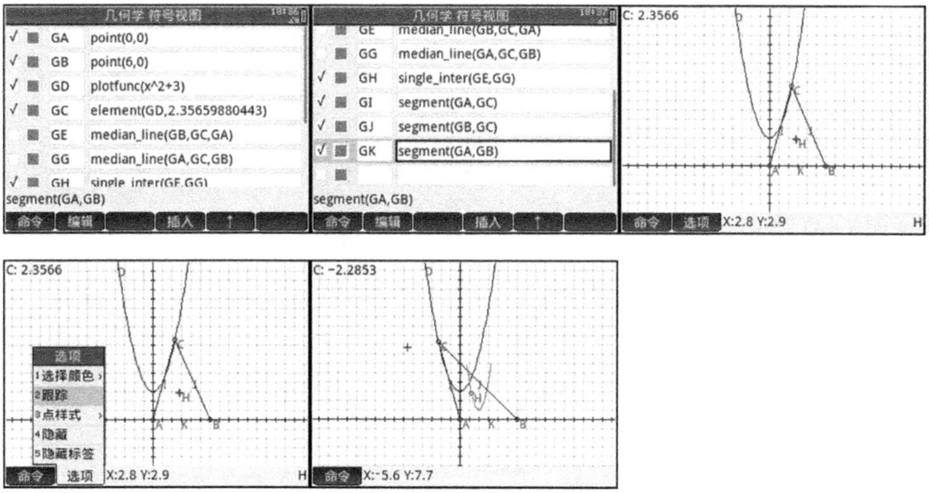


**图 3-52**

**提示** 设$G(x,y)$为△$ABC$的重心，顶点$C$的坐标为$(x',y')$，则由重心坐标公式，得$\begin{cases}x=\dfrac{0+6+x'}{3},\\y=\dfrac{0+0+y'}{3},\end{cases}$所以$\begin{cases}x'=3x-6,\\y'=3y.\end{cases}$

因为顶点$C(x',y')$在曲线$y=x^2+3$上，

所以$3y=(3x-6)^2+3$，整理，得$y=3(x-2)^2+1$.

故△$ABC$重心的轨迹方程为$y=3(x-2)^2+1$.

**例 4** 已知直线$l$：$y=-x+b$与曲线$C$：$y=\sqrt{1-x^2}$有两个公共点，则$b$的取值范围为________.

**提示** 计算结果如图 3-53 所示.

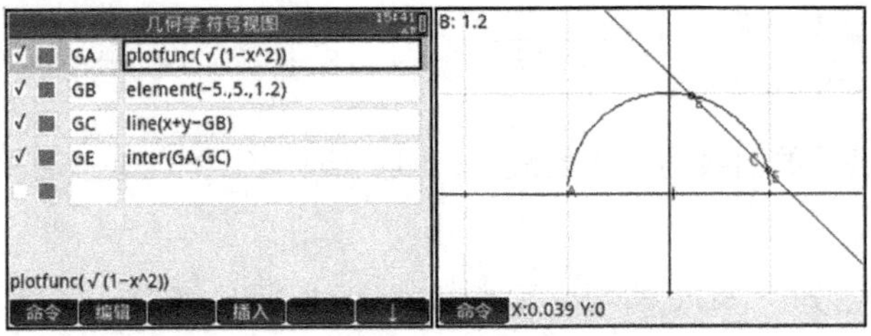


图 3-53

**答案** $[1,\sqrt{2})$.

**解析** 在同一直角坐标系内作出 $y=-x+b$ 与 $y=\sqrt{1-x^2}$ 的图象,如图所示,可得 $b$ 的范围为$[1,\sqrt{2}]$.

# 第12节　曲线的参数方程

## 【学习目标】

1. 理解曲线参数方程的有关概念.
2. 掌握圆的参数方程.
3. 能够根据圆的参数方程解决最值问题.
4. 掌握椭圆的参数方程及应用.
5. 了解双曲线、抛物线的参数方程.

## 【学习建议】

在“几何学”应用程序中，可以依次选择“命令”“绘图”“参数”绘制参数方程的图象，如图3-54所示.

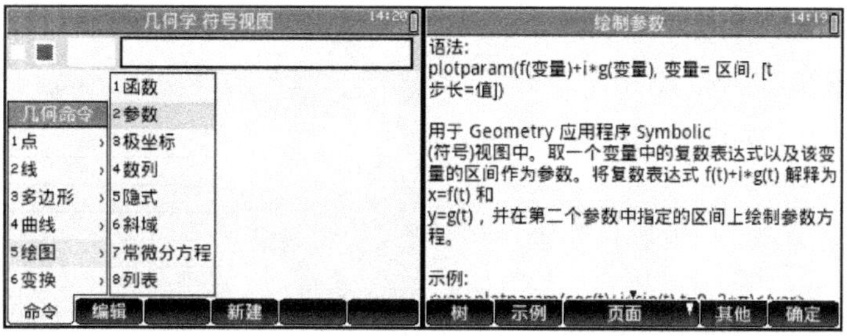


**图3-54**

检验点是否在对象上时，可以通过“命令”“检验”“对象上”的方式进行，如图3-55所示.

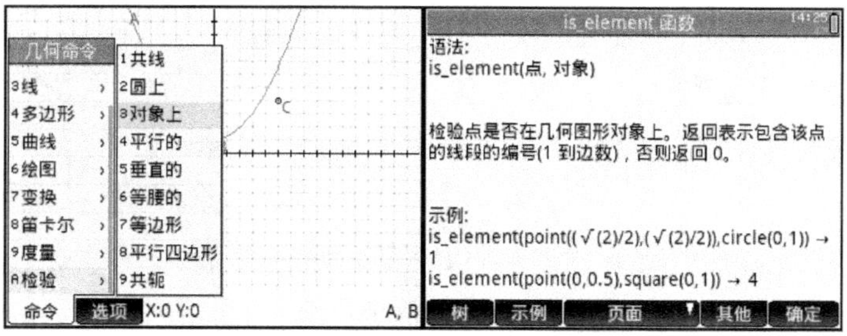


**图3-55**

【案例解读】

**例 1** 已知曲线 $C$ 的参数方程是 $\begin{cases}x=3t,\\ y=2t^2+1\end{cases}$ ($t$ 为参数).

(1) 判断点 $M_1(0,1)$,$M_2(5,4)$与曲线 $C$ 的位置关系;

(2) 已知点 $M_3(6,a)$在曲线 $C$ 上,求 $a$ 的值.

**提示** 点与曲线的位置关系如图 3-56 所示.

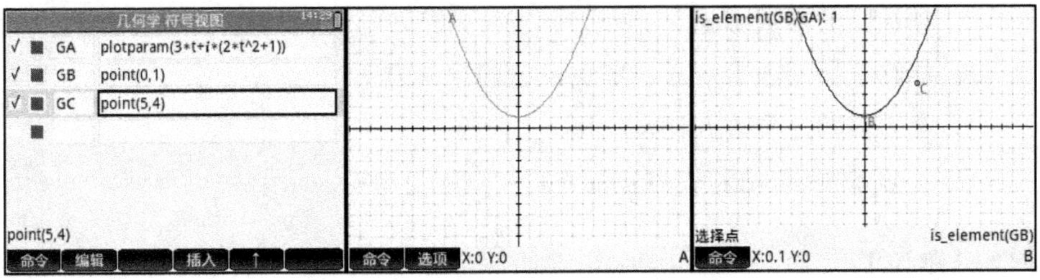


图 3-56

**解** (1) 把点 $M_1$ 的坐标(0,1)代入方程组,得 $\begin{cases}0=3t,\\ 1=2t^2+1,\end{cases}$ 解得 $t=0$.

所以点 $M_1$ 在曲线 $C$ 上.

同理可知,点 $M_2$ 不在曲线 $C$ 上.

(2) ∵ 点 $M_3(6,a)$在曲线 $C$ 上,

∴ $\begin{cases}6=3t,\\ a=2t^2+1,\end{cases}$ 解得 $t=2,a=9$. 故 $a=9$.

**分析说明** 参数方程是曲线方程的另一种表达形式,点与曲线位置关系的判断,与平面直角坐标下普通方程的判断方法是一致的.

**例 2** 如图 3-57 所示,圆 $O$ 的半径为 2,$P$ 是圆 $O$ 上的动点,$Q(4,0)$在 $x$ 轴上. $M$ 是 $PQ$ 的中点,当点 $P$ 绕 $O$ 做匀速圆周运动时,

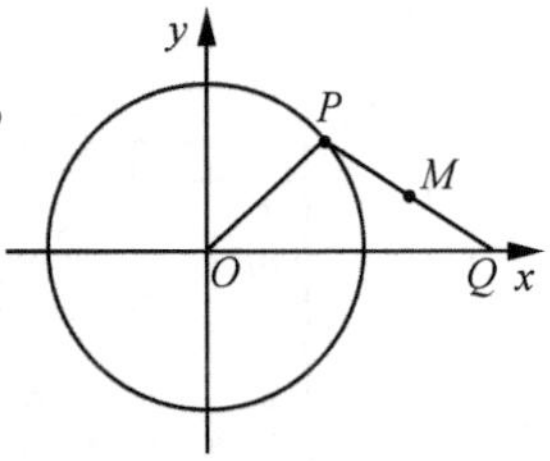


图 3-57

(1) 求点 $M$ 的轨迹的参数方程,并判断轨迹所表示的图形;

(2) 若$(x,y)$是所求轨迹上的点,求 $x+2y$ 的取值范围.

**提示**　所求轨迹如图 3-58 所示.

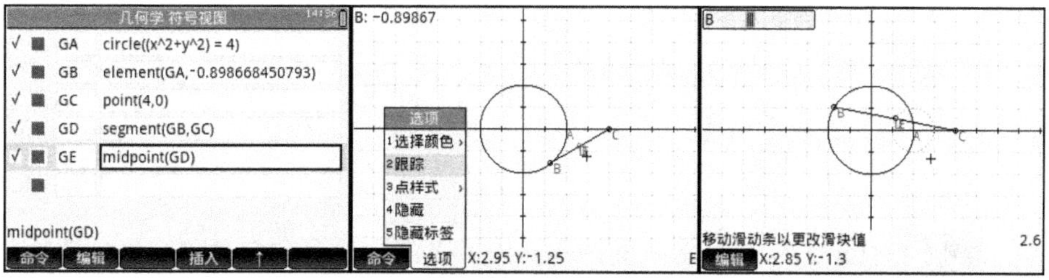


**图 3-58**

**解**　(1) 设点 $M(x,y)$，令 $\angle xOP=\theta$，则圆 $O$ 的参数方程为 $\begin{cases}x=2\cos\theta,\\ y=2\sin\theta\end{cases}$ ($\theta$ 为参数)，则点 $P$ 的坐标为 $(2\cos\theta,2\sin\theta)$.

又 $Q(4,0)$，所以 $x=\dfrac{2\cos\theta+4}{2}=\cos\theta+2$，$y=\dfrac{2\sin\theta+0}{2}=\sin\theta$.

所以点 $M$ 的轨迹的参数方程为 $\begin{cases}x=\cos\theta+2,\\ y=\sin\theta\end{cases}$ ($\theta$ 为参数).

由参数方程知，点 $M$ 的轨迹是以 $(2,0)$ 为圆心、1 为半径的圆.

(2) $x+2y=\cos\theta+2+2\sin\theta=\sqrt{5}\sin(\theta+\varphi)+2$，$\tan\varphi=\dfrac{1}{2}$.

$\because$ $-1\leqslant\sin(\theta+\varphi)\leqslant1$，

$\therefore$ $-\sqrt{5}+2\leqslant x+2y\leqslant\sqrt{5}+2$.

即 $x+2y$ 的取值范围是 $[-\sqrt{5}+2,\sqrt{5}+2]$.

**分析说明**　(1) 圆的参数方程中的参数是角，所以圆上的点的坐标是三角函数.

(2) 运用圆的参数方程，可以将相关问题转化为三角函数问题，利用三角函数知识解决问题.

**✻例 3**　已知实数 $x,y$ 满足 $(x-1)^2+(y-1)^2=9$，求 $x^2+y^2$ 的最大值和最小值.

**解**　由已知条件，可把点 $(x,y)$ 视为圆 $(x-1)^2+(y-1)^2=9$ 上的点，设 $\begin{cases}x=1+3\cos\theta,\\ y=1+3\sin\theta\end{cases}$ ($\theta$ 为参数)，则

$$x^2+y^2=(1+3\cos\theta)^2+(1+3\sin\theta)^2=11+6(\sin\theta+\cos\theta)=11+6\sqrt{2}\sin\left(\theta+\frac{\pi}{4}\right).$$

$\because -1\leqslant\sin\left(\theta+\dfrac{\pi}{4}\right)\leqslant 1$,

$\therefore 11-6\sqrt{2}\leqslant x^2+y^2\leqslant 11+6\sqrt{2}$.

$\therefore x^2+y^2$ 的最大值为 $11+6\sqrt{2}$,最小值为 $11-6\sqrt{2}$.

**例 4** 已知 $A$,$B$ 分别是椭圆$\dfrac{x^2}{36}+\dfrac{y^2}{9}=1$ 的右顶点和上顶点,动点 $C$ 在该椭圆上运动,求$\triangle ABC$ 的重心 $G$ 的轨迹方程.

**提示** 所求轨迹如图 3-59 所示.

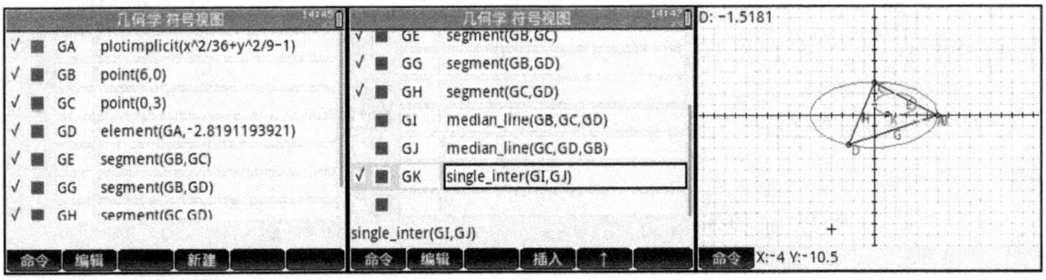


图 3-59

**解** 由题意知 $A(6,0)$,$B(0,3)$. 由于动点 $C$ 在椭圆上运动,故可设动点 $C$ 的坐标为$(6\cos\theta,3\sin\theta)$,点 $G$ 的坐标设为$(x,y)$. 由三角形重心的坐标公式,可得

$$\begin{cases}x=\dfrac{6+0+6\cos\theta}{3},\\ y=\dfrac{0+3+3\sin\theta}{3},\end{cases}\text{即}\begin{cases}x=2+2\cos\theta,\\ y=1+\sin\theta.\end{cases}$$

消去参数 $\theta$,得$\dfrac{(x-2)^2}{4}+(y-1)^2=1$.

**分析说明** 本题的解法体现了椭圆的参数方程对于解决求轨迹方程问题的优越性,运用参数方程显得很简单,运算更简便.

## 【练习】

设 $P$ 为等轴双曲线 $x^2-y^2=1$ 上的一点,$F_1$ 和 $F_2$ 为两个焦点,证明:$F_1P\cdot F_2P=OP^2$.

# 第四章
# 数列与不等式

## 第1节　数列的图象与递推数列

### 【学习目标】

利用图形计算器研究数列的图象及其变化趋势,加深对数列本质的理解.

### 【案例解读】

**例1**　根据数列的表达式,分别用图象和数表表示下列数列:

(1) $a_n=2^n$;　(2) $a_n=\frac{1}{n}(n\leqslant 5)$;　(3) $a_n=(-1)^n$.

**提示**　数列的图象和数表如图4-1所示.

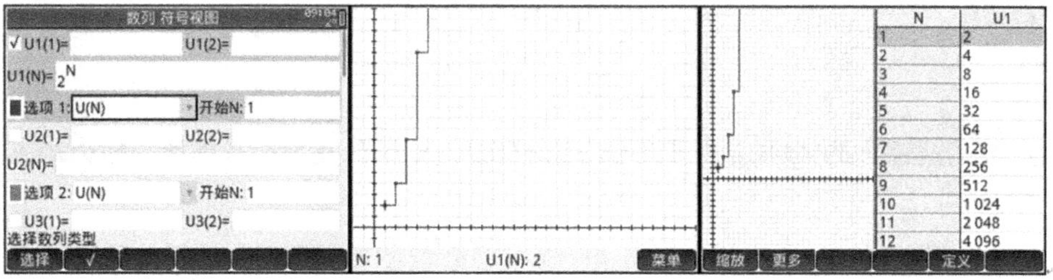

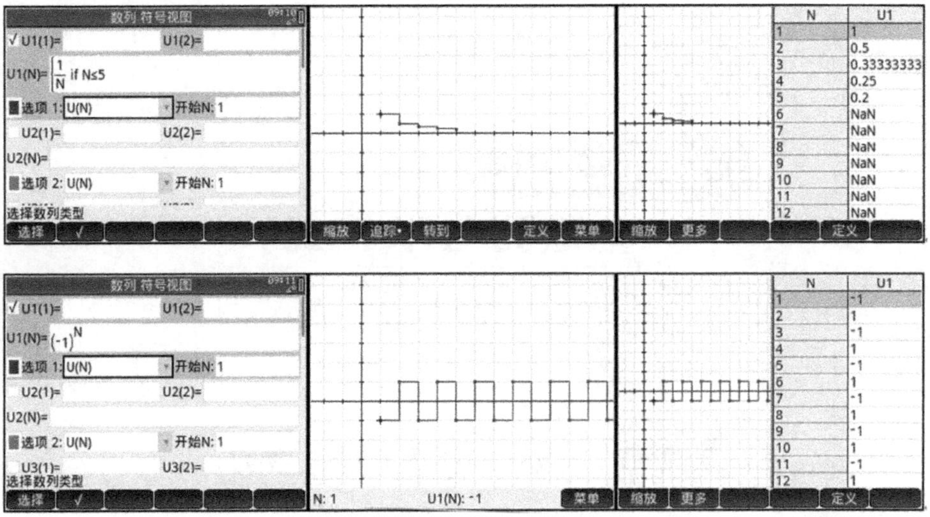


**图 4-1**

**分析说明** 求解数列问题时，利用"数列"应用程序可以直接输入表达式得到数列的图象和列表.

**✲例 2** 数列 $\{a_n\}$ 的通项公式为 $a_n=\dfrac{n-\sqrt{97}}{n-\sqrt{98}}$，它的前 30 项中最大项是第几项？最小项是第几项？

**提示** 数列的图象和数表如图 4-2 所示.

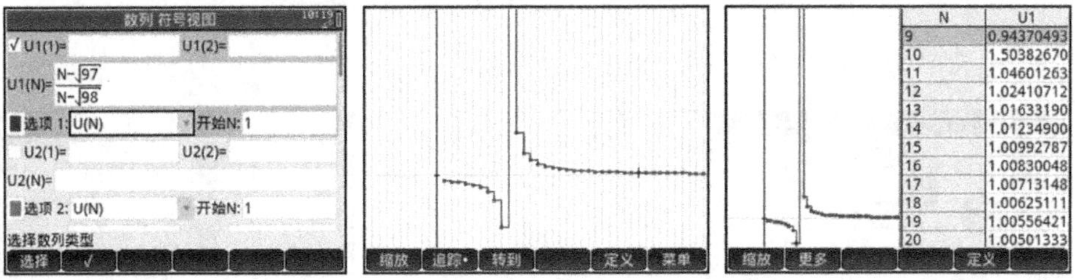


**图 4-2**

**分析说明** 输入数列表达式后，画出数列的图象，可以看出最大项是第 10 项，最小项是第 9 项；根据数表显示，可以验证此判断是正确的. 另外，还可以看出，$n\to+\infty$时，$a_n\to1$. 这些结论都可以运用高中数学知识来证明，因为函数 $y=\dfrac{x-\sqrt{97}}{x-\sqrt{98}}=1+\dfrac{\sqrt{98}-\sqrt{97}}{x-\sqrt{98}}$的图象为双曲线，$x=\sqrt{98}$是它的一条渐近线.

## 【练习】

1. 写出数列 $a_n=(-1)^{n+1}\cdot\frac{n+1}{2n-1}$ 的第10项，并判断 $\frac{51}{99}$ 是不是此数列中的项.

2. 用图形计算器可以得到这样的一列数：1，cos1，cos(cos1)，cos(cos(cos1))，….

请你试一试，会出现什么现象？你能解释这一现象吗？

## 第2节 等差数列

### 【学习目标】

利用 HP Prime 图形计算器研究等差数列的图象变化趋势与实际应用，求解有关的简单问题，加深对数列概念与性质的理解.

### 【案例解读】

**例 1** 已知等差数列$\{a_n\}$的首项$a_1=17$，公差$d=-0.6$，画出此数列的图象. 此等差数列从第几项开始出现负数？

**提示** 数列的图象如图 4-3 所示.

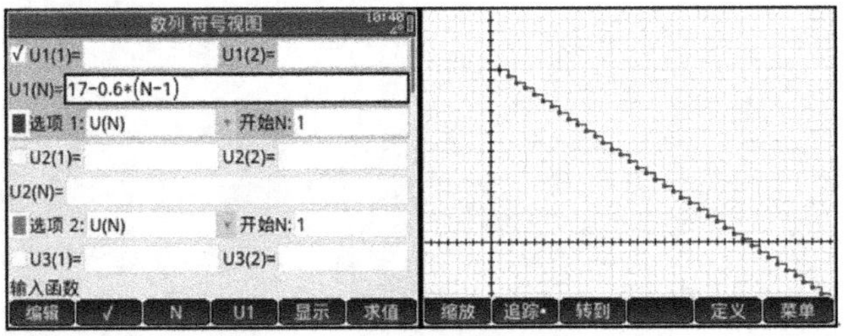


图 4-3

**分析说明** 输入数列表达式后，调整好窗口，画出数列的图象. 利用"追踪"功能，可以看出此数列从第 30 项开始出现负数，显示数表可以验证此结论正确.

**例 2** 已知数列$\{a_n\}$的前 $n$ 项和$S_n=2n^2-30n$.

(1) 这个数列是等差数列吗？求出它的通项公式.

(2) 求使得 $S_n$ 最小的序号 $n$ 的值.

**提示** 数列的图象和数表如图 4-4 所示.

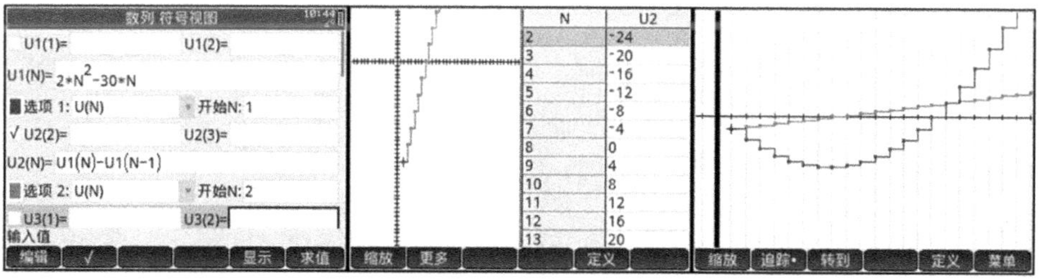


图 4-4

**分析说明**　利用 HP Prime 图形计算器的“数列”应用程序进行迭代运算，根据数值可判断此数列是等差数列. 画出 $S_n$ 的图象，追踪图象，得出当 $n=7$ 或 8 时，$S_n$ 有最小值 $-112$.

## 【练习】

1. 李先生为今年上高中的儿子办理了“教育储蓄”. 从 8 月 1 日开始，每个月的 1 号都存入 100 元，存期三年.

(1) 已知当年“教育储蓄”存款的月利率是 2.7‰，问到期时，李先生一次可以支取本息共多少元？(“教育储蓄”不需缴利息税)

(2) 已知当年同档次的“零存整取”储蓄的月利率是 1.725‰，问李先生办理“教育储蓄”比“零存整取”多收益多少元？(“零存整取”需缴 20% 的利息税)

2. (2012 · 全国卷(理)) 已知等差数列 $\{a_n\}$ 的前 $n$ 项和为 $S_n$，$a_5=5$，$S_5=15$，则数列 $\left\{\dfrac{1}{a_na_{n+1}}\right\}$ 的前 100 项和为(　　).

A. $\dfrac{100}{101}$　　B. $\dfrac{99}{101}$　　C. $\dfrac{99}{100}$　　D. $\dfrac{101}{100}$

## 第3节　等比数列

**【学习目标】**

利用 HP Prime 图形计算器研究等比数列的概念、性质与实际应用,并求解相关的简单问题,加深对等比数列的理解.

**【案例解读】**

**例 1**　(2012·安徽卷)已知公比为 2 的等比数列$\{a_n\}$各项都是正数,且$a_3a_{11}=16$,则$\log_2 a_{10}=$(　　).

A. 4　　B. 5　　C. 6　　D. 7

**提示**　计算结果如图 4-5 所示.

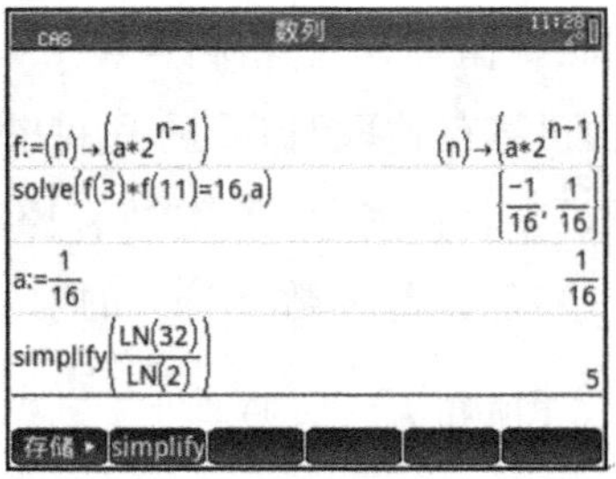


图 4-5

**分析说明**　只要掌握了等比数列的通项公式,便可利用计算器迅速计算出正确选项 B. 若不用计算器,为提高解题速度,还需掌握如下的解题技巧:

$$a_3a_{11}=16 \Leftrightarrow a_7^2=16 \Leftrightarrow a_7=4 \Rightarrow a_{10}=a_7\times q^3=32 \Leftrightarrow \log_2 a_{10}=5.$$

**例 2**　现要对一个有 4 000 棵树的小森林进行新的林业规划,每年将砍伐 20%的树并且种植 1 000 棵树. 这个森林最后会消失吗? 森林的规模能稳定下来吗? 如果能的话,那么多少年后稳定下来? 那时有多少棵树?

**提示**　计算结果如图 4-6 所示.

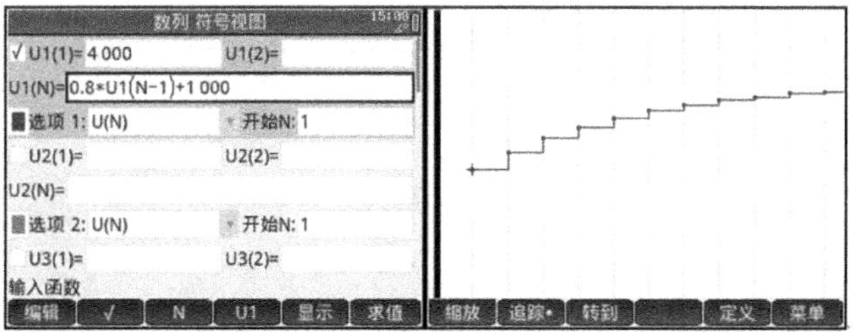


**图 4-6**

**分析说明**　此数列的递推公式为 $a_n=0.8\times a_{n-1}+1\ 000$. 这种形式的数列称为“差比数列”或“比差数列”，可以通过设 $\frac{a_n+p}{a_{n-1}+p}=q$ 求出其通项公式，也可以用迭代法求出通项公式 $a_n=5\ 000-1\ 000\times 0.8^{n-1}$，注意此数列中 $a_n$ 取整数值.

## 【练习】

(2012・湖北卷(理))设定义在 $(-\infty,0)\cup(0,+\infty)$ 上的函数 $f(x)$，如果对于任意给定的等比数列 $\{a_n\}$，$\{f(a_n)\}$ 仍是等比数列，则称 $f(x)$ 为“保等比数列函数”. 现有定义在 $(-\infty,0)\cup(0,+\infty)$ 上的如下函数：

① $f(x)=x^2$；　② $f(x)=2^x$；　③ $f(x)=\sqrt{|x|}$；　④ $f(x)=\ln|x|$.

则其中是“保等比数列函数”的 $f(x)$ 的序号为(　　).

A. ①②　　B. ③④　　C. ①③　　D. ②④

提示：此题考查等比数列的性质及函数计算. 用特值检验方法，发挥图形计算器的代数运算功能. 设 $a_n=2^n$，代入 $\{f(a_n)\}$，即可迅速分析、判断出正确结果. 还可利用图形计算器的数表功能，列出所涉及的数列，也可得出正确结果.

原题的传统求解方法如下：由等比数列的性质 $a_na_{n+2}=a_{n+1}^2$，知

$f(a_n)f(a_{n+2})=a_n^2a_{n+2}^2=(a_{n+1}^2)^2=f^2(a_{n+1})$，

$f(a_n)f(a_{n+2})=2^{a_n}2^{a_{n+2}}=2^{a_n+a_{n+2}}\neq 2^{2a_{n+1}}=f^2(a_{n+1})$，

$f(a_n)f(a_{n+2})=\sqrt{|a_na_{n+2}|}=(\sqrt{|a_{n+1}|})^2=f^2(a_{n+1})$，

$f(a_n)f(a_{n+2})=\ln|a_n|\ln|a_{n+2}|\neq(\ln|a_{n+1}|)^2=f^2(a_{n+1})$，所以选 C.

# 第 4 节　不等关系与不等式

## 【学习目标】

利用 HP Prime 图形计算器，研究函数的图象与不等关系的几何意义，加深对不等式本质的理解.

## 【案例解读】

**例 1**　（2012 · 全国卷）已知 $x=\ln\pi$，$y=\log_5 2$，$z=e^{-\frac{1}{2}}$，则（　　）.

A. $x<y<z$　　B. $z<x<y$　　C. $z<y<x$　　D. $y<z<x$

**提示**　函数图象如图 4-7 所示.

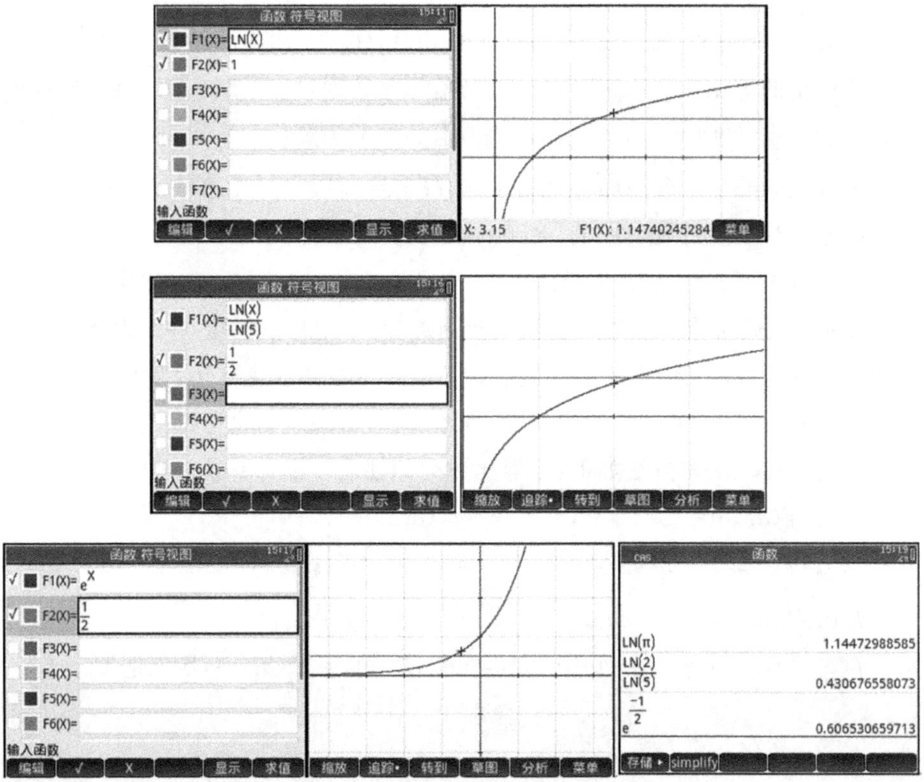


图 4-7

**分析说明**　此题主要考查对数、指数大小的比较方法，需要选取合适的中间值. 由于 $\ln\pi>\ln e=1$，$\log_5 2<\log_5\sqrt{5}=\frac{1}{2}$，$z=e^{-\frac{1}{2}}>\frac{1}{2}$，故选 D.

**例 2**　试比较$\frac{4a}{4+a^2}$和 1 的大小.

**提示**　函数图象如图 4-8 所示.

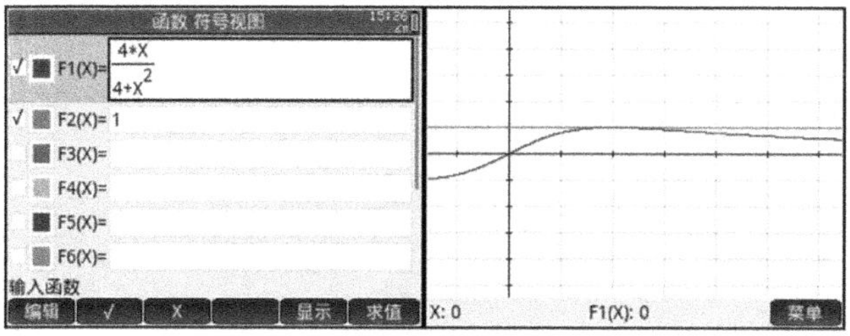


**图 4-8**

**分析说明**　因式分解$\frac{4a}{4+a^2}-1=-\frac{(a-2)^2}{4+a^2}\leqslant 0$. 画出函数 $f(x)=\frac{4x}{4+x^2}$和 $y=1$ 的图象，可以看出$\frac{4x}{4+x^2}\leqslant 1$，仅在 $x=2$ 时取等号，进而理解$\frac{4a}{4+a^2}-1=-\frac{(a-2)^2}{4+a^2}\leqslant 0$ 的几何意义.

**例 3**　比较 $x^3$ 与 $x^2-x+1$ 的大小.

**提示**　函数图象如图 4-9 所示.

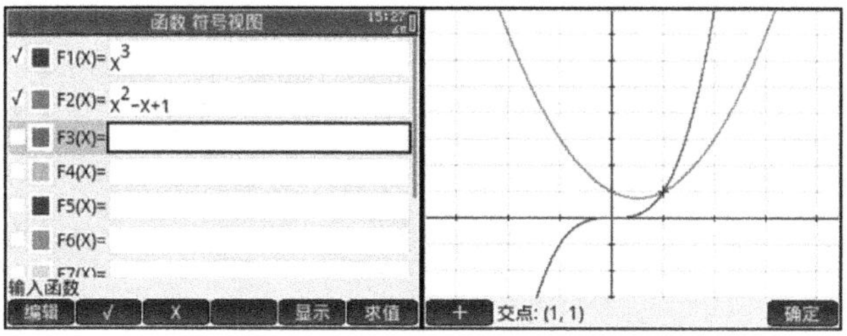


**图 4-9**

**分析说明**　同上面的例题，画出函数图象后，可以看出函数 $y=x^3$ 与 $y=x^2-x+1$图象的交点坐标是(1，1)，从而想到分 $x<1$，$x=1$ 和 $x>1$ 三种情况进行讨论. 此题常规的数学解法是先化简 $x^3-(x^2-x+1)=(x-1)(x^2+1)$，再解不等式求解.

**【练习】**

已知 $x>1$，求证：$\lg x+\log_x 10\geqslant 2$，并说明式中等号成立的条件.

# 第5节　均值不等式

## 【学习目标】

利用 HP Prime 图形计算器,研究函数的图象与不等关系的几何意义,加深对均值不等式的理解.

## 【案例解读】

**例1**　求函数 $y=x+\dfrac{1}{x}$ 的值域.

**提示**　函数图象如图 4-10 所示.

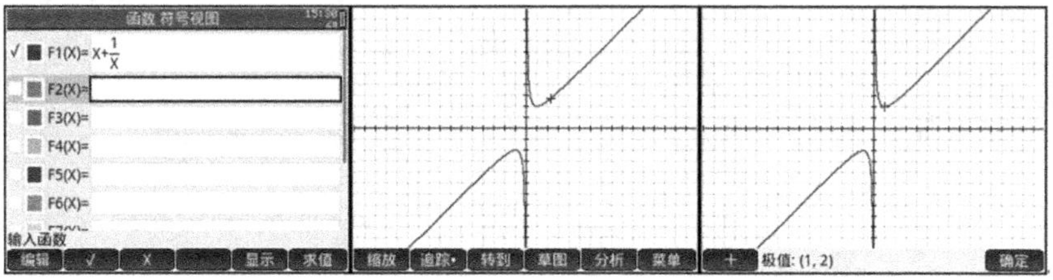


图 4-10

**分析说明**　由 $|y|=\left|x+\dfrac{1}{x}\right|=|x|+\dfrac{1}{|x|}\geqslant 2$ 可知,函数 $y=x+\dfrac{1}{x}$ 的值域为 $\{y\mid y\geqslant 2$ 或 $y\leqslant -2\}$.

**例2**　求函数 $f(x)=\dfrac{-2x^2+x-3}{x}(x>0)$ 的最大值及相应的 $x$ 值.

**提示**　函数图象如图 4-11 所示.

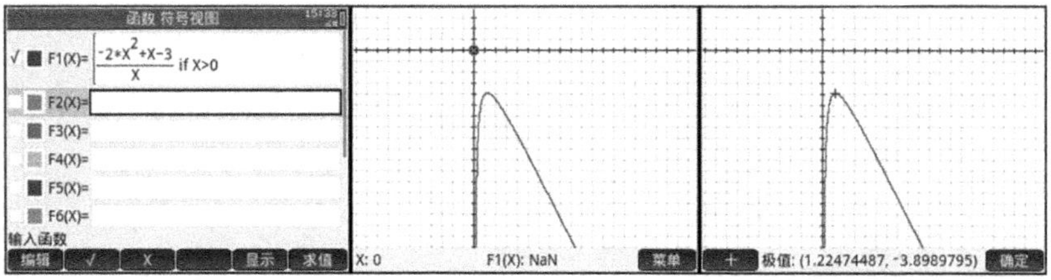


图 4-11

**分析说明**　画出函数的图象后，利用“分析”功能，可以求出当 $x=\frac{\sqrt{6}}{2}$ 时，函数有最大值 $f(x)_{\max}=1-2\sqrt{6}$；由 $\frac{-2x^2+x-3}{x}=1-\left(2x+\frac{3}{x}\right)$，用平均值不等式，能手工求出这个准确值.

**例 3**　求函数 $f(x)=\frac{x^2}{x^4+2}$ 的最大值以及相应的 $x$ 值.

**提示**　函数图象如图 4-12 所示.

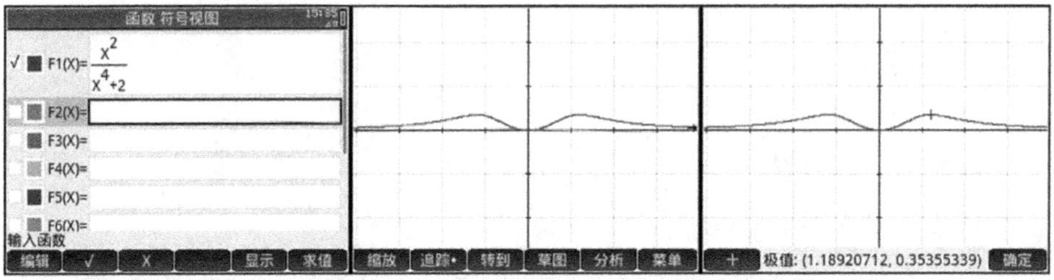


图 4-12

**分析说明**　同上例的方法，可以得出当 $x=\pm\sqrt[4]{2}$ 时，函数有最大值 $\frac{\sqrt{2}}{4}$. 由 $f(x)=\frac{x^2}{x^4+2}=\frac{1}{x^2+\frac{2}{x^2}}$，用均值不等式求解，可知道图形计算器的解题过程.

## 【练习】

已知 $0<\theta<\frac{\pi}{2}$，求函数 $f(\theta)=\frac{(\sin 2\theta+2)^2}{\sin 2\theta}$ 的最小值以及相应的 $\theta$ 的值.

（提示：使用换元法，设 $x=\sin 2\theta$，注意 $0<x\leqslant 1$）

# 第 6 节　一元二次不等式及其解法

## 【学习目标】

利用 HP Prime 图形计算器画出函数图象，借助函数的图象求出对应不等式的解，理解不等式解的几何意义.

## 【案例解读】

**例 1**　画出函数的图象，根据图象写出不等式 $x^2-x-6>0$，$x^2+4x+4>0$ 与 $-2x^2+4x-3>0$ 的解集.

**提示**　函数图象如图 4-13 所示.

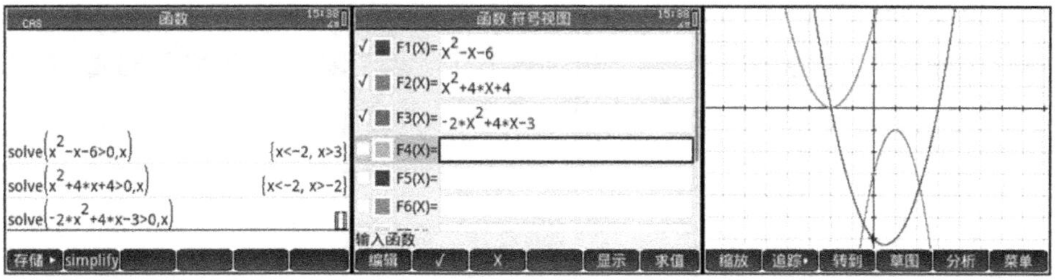


图 4-13

**分析说明**　HP Prime 图形计算器有解不等式的功能，利用“solve”的求解功能，可以直接得到不等式的解. 画出相关函数的图象，观察它们与 $x$ 轴的位置关系，可理解不等式的几何意义.

**例 2**　求函数 $f(x)=\sqrt{2x^2+x-3}+\log_3(3+2x-x^2)$ 的定义域.

**提示**　函数图象如图 4-14 所示.

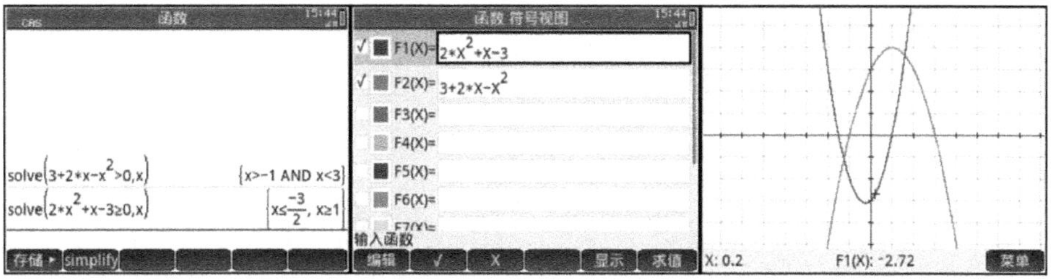

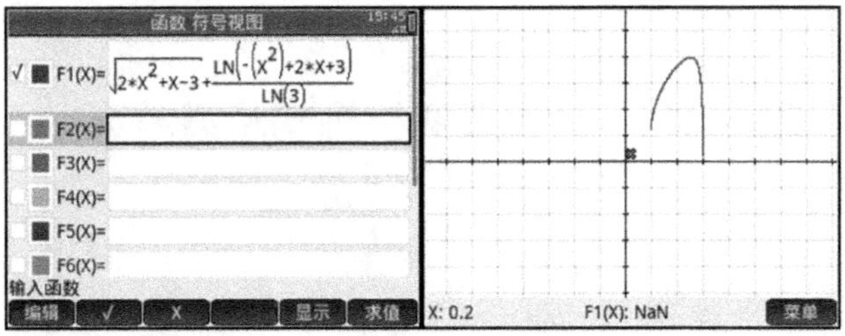


图 4-14

**分析说明** 利用图形计算器可以分别求出不等式 $2x^2+x-3\geqslant0$ 和 $3+2x-x^2>0$ 的解集，然后取交集得出定义域，或直接求解不等式组. 也可以用图形计算器直接画出函数 $f(x)=\sqrt{2x^2+x-3}+\log_3(3+2x-x^2)$ 的图象，观察出图象仅存在于 1 到 3 之间，选择“分析”功能，可以知道此函数的定义域为 $[1,3)$.

**例 3** 求不等式 $\dfrac{x}{9-x}<0$ 与 $\dfrac{2x+1}{x-1}\leqslant1$ 的解集.

**提示** 计算步骤如图 4-15 所示.

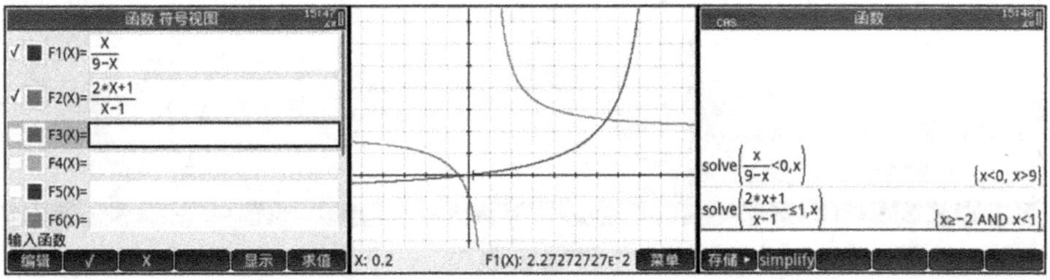


图 4-15

**分析说明** 一般按“移项，通分，除法变乘法”的步骤，将分式不等式转化为二次不等式求解，特别要注意不等式含等号的情况. 不等式 $\dfrac{2x+1}{x-1}\leqslant1$ 的解集为 $\{x\mid-2\leqslant x<1\}$，不包含 1.

**例 4** （2012 · 广东卷）不等式 $|x+2|-|x|\leqslant1$ 的解集为________.

**提示** 计算步骤如图 4-16 所示.

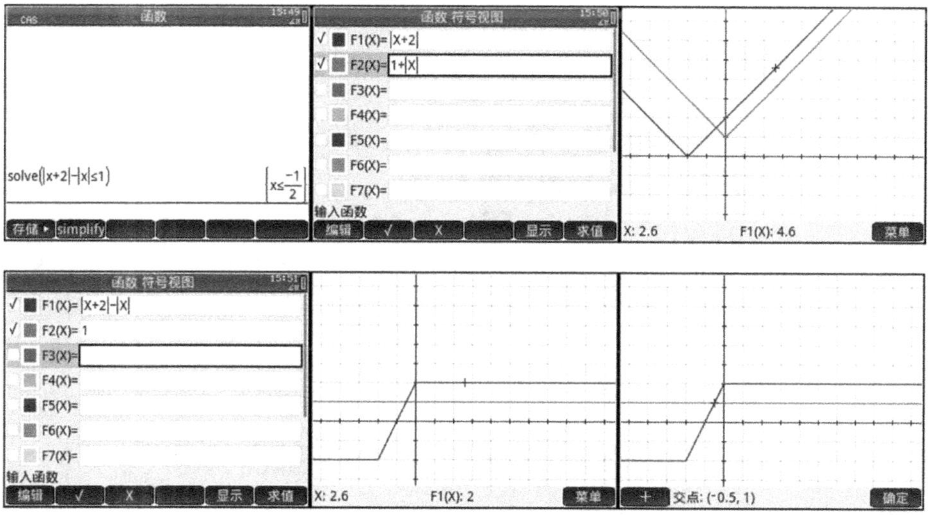


图 4-16

**分析说明**　原不等式$\Leftrightarrow\begin{cases}x\leqslant-2,\\-(x+2)+x\leqslant1\end{cases}$或$\begin{cases}-2<x\leqslant0,\\x+2+x\leqslant1\end{cases}$或$\begin{cases}x>0,\\x+2-x\leqslant1,\end{cases}$解得 $x\leqslant-\dfrac{1}{2}$. 若转化为解$|x+2|\leqslant1+|x|$，则画出相应的图象后，立即能看出解集为$\left(-\infty,-\dfrac{1}{2}\right]$.

## 【练习】

(2012・山东卷)若不等式$|kx-4|\leqslant2$ 的解集为$\{x|1\leqslant x\leqslant3\}$，则实数 $k=$__________.

# 第五章 统 计

## 第1节 简单随机抽样与用样本估计总体

### 【学习目标】

使用图形计算器进行随机抽样和作散点图、直方图等统计分析，简化烦琐的手工运算过程，提高使用信息技术解决问题的能力.

### 【基本操作】

如图 5-1 所示，在“单变量统计”应用程序中，利用工具可以使用多种命令，如生成随机数.

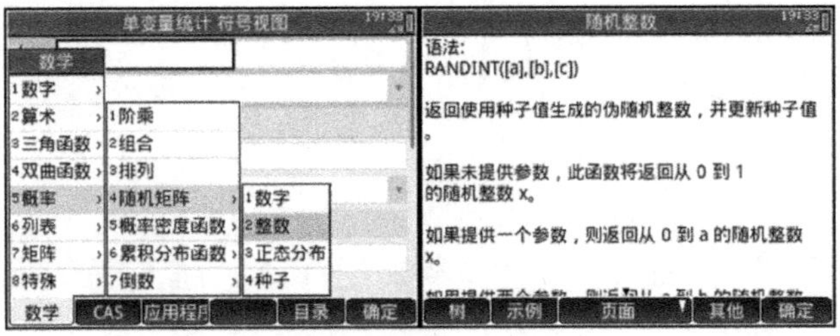


图 5-1

### 【案例解读】

**例 1** 要考察某品种的 850 颗种子的发芽率，从中抽取 50 颗种子进行试验，用图形计算器随机抽样.

**提示**　计算结果如图 5-2 所示.

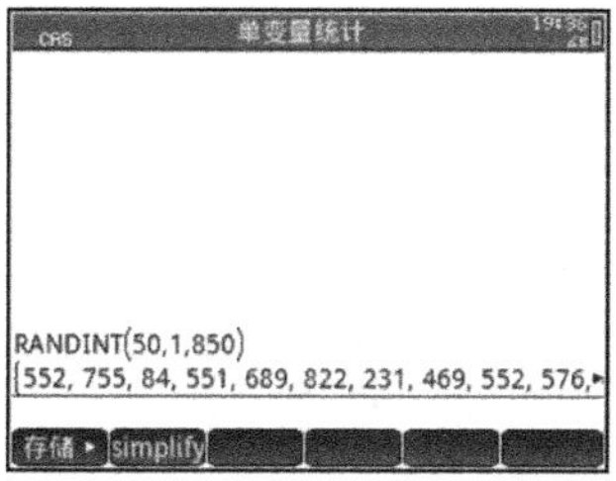


**图 5-2**

**分析说明**　在一个 CAS 中,RANDINT 的语句结构为(个数,最小值,最大值),按 Enter 键,图形计算器可以输出 1～850 的随机整数,选择 50 个符合条件的数字即可.

**例 2**　从某灯泡厂生产的一批灯泡中随机地抽取 10 只进行使用寿命测试,得到如下数据(单位:h):

1 395　1 562　1 614　1 351　1 490　1 478　1 382　1 536　1 496　1 411

使用图形计算器求样本平均数 $\overline{x}$ 和样本标准差 $s$.

**提示**　计算结果如图 5-3 所示.

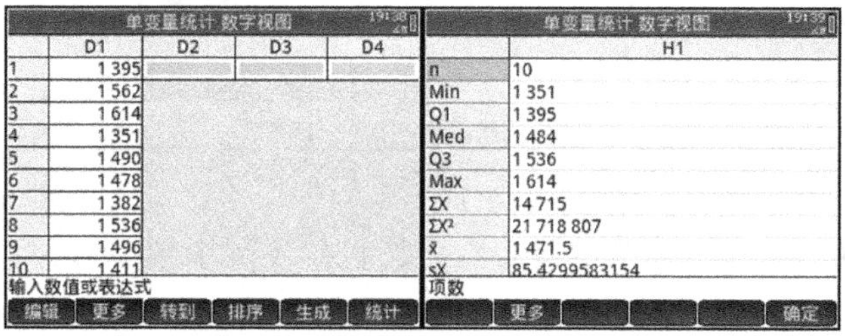


**图 5-3**

**分析说明**　在"单变量统计"应用程序中切换到数字视图,在单元格内输入原始数据,直接选择"统计"选项输出默认的统计量,得到结果.

**例 3**　从一批钢管产品中抽取 100 件钢管,测出其内径尺寸,绘制直方图和折线图,并求样本的平均数和标准差.

**提示**

| | | | | | | | | | |
|---|---|---|---|---|---|---|---|---|---|
| 25.39 | 25.36 | 25.34 | 25.42 | 25.45 | 25.38 | 25.39 | 25.42 | 25.47 | 25.35 |
| 25.40 | 25.43 | 25.44 | 25.48 | 25.45 | 25.43 | 25.46 | 25.40 | 25.51 | 25.45 |
| 25.41 | 25.39 | 25.41 | 25.36 | 25.38 | 25.31 | 25.56 | 25.43 | 25.40 | 25.38 |

| | | | | | | | | | |
|---|---|---|---|---|---|---|---|---|---|
| 25.37 | 25.44 | 25.33 | 25.46 | 25.40 | 25.49 | 25.34 | 25.42 | 25.50 | 25.37 |
| 25.35 | 25.32 | 25.45 | 25.40 | 25.27 | 25.43 | 25.54 | 25.39 | 25.45 | 25.43 |
| 25.40 | 25.43 | 25.44 | 25.41 | 25.53 | 25.37 | 25.38 | 25.24 | 25.44 | 25.40 |
| 25.36 | 25.42 | 25.39 | 25.46 | 25.38 | 25.35 | 25.31 | 25.34 | 25.40 | 25.36 |
| 25.41 | 25.32 | 25.38 | 25.42 | 25.40 | 25.33 | 25.37 | 25.41 | 25.49 | 25.35 |
| 25.47 | 25.34 | 25.30 | 25.39 | 25.36 | 25.46 | 25.29 | 25.40 | 25.37 | 25.33 |
| 25.40 | 25.35 | 25.41 | 25.37 | 25.47 | 25.39 | 25.42 | 25.47 | 25.38 | 25.39 |

计算结果如图 5-4 所示.

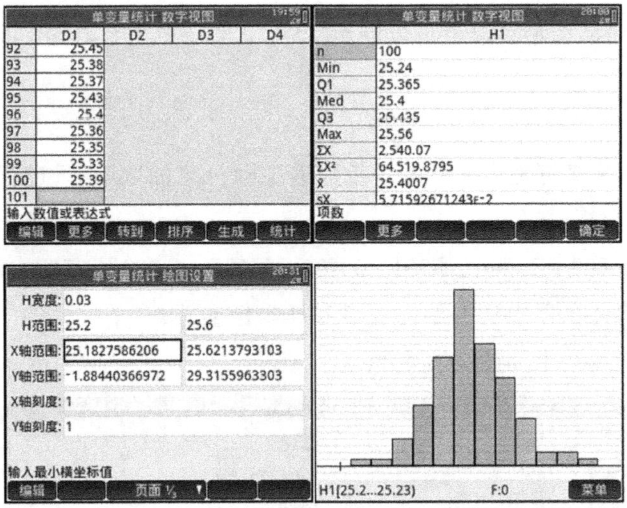


**图 5-4**

**分析说明** 直方图的绘制需要在绘图设置界面中调整有关参数才能显示出所需的图形.

# 第2节　频率分布直方图与茎叶图

## 【学习目标】

1. 了解频率分布折线图和总体密度曲线的定义.

2. 理解茎叶图的概念,会画茎叶图.

3. 了解频率分布直方图、频率分布折线图、茎叶图的各自特征,学会选择不同的方法分析样本的分布,从而做出总体估计.

## 【案例解读】

**例1**　一个农技站为了考察某种大麦穗生长的分布情况,在一块试验田里抽取了100株麦穗,量得麦穗的长度(单位:cm)如下:

| | | | | | | | | | |
|---|---|---|---|---|---|---|---|---|---|
| 6.5 | 6.4 | 6.7 | 5.8 | 5.9 | 5.9 | 5.2 | 4.0 | 5.4 | 4.6 |
| 5.8 | 5.5 | 6.0 | 6.5 | 5.1 | 6.5 | 5.3 | 5.9 | 5.5 | 5.8 |
| 6.2 | 5.4 | 5.0 | 5.0 | 6.8 | 6.0 | 5.0 | 5.7 | 6.0 | 5.5 |
| 6.8 | 6.0 | 6.3 | 5.5 | 5.0 | 6.3 | 5.2 | 6.0 | 7.0 | 6.4 |
| 6.4 | 5.8 | 5.9 | 5.7 | 6.8 | 6.6 | 6.0 | 6.4 | 5.7 | 7.4 |
| 6.0 | 5.4 | 6.5 | 6.0 | 6.8 | 5.8 | 6.3 | 6.0 | 6.3 | 5.6 |
| 5.3 | 6.4 | 5.7 | 6.7 | 6.2 | 5.6 | 6.0 | 6.7 | 6.7 | 6.0 |
| 5.6 | 6.2 | 6.1 | 5.3 | 6.2 | 6.8 | 6.6 | 4.7 | 5.7 | 5.7 |
| 5.8 | 5.3 | 7.0 | 6.0 | 6.0 | 5.9 | 5.4 | 6.0 | 5.2 | 6.0 |
| 6.3 | 5.7 | 6.8 | 6.1 | 4.5 | 5.6 | 6.3 | 6.0 | 5.8 | 6.3 |

根据上面的数据绘制出频率分布直方图,并估计在这块试验田里长度在5.75～6.35 cm之间的麦穗所占的百分比.

**提示** 计算结果如图 5-5 所示.

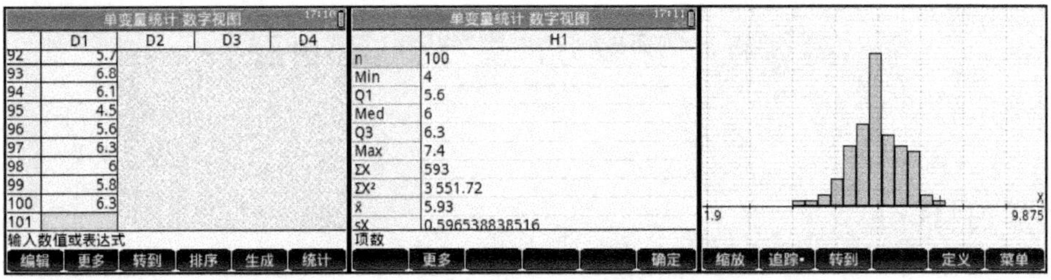


图 5-5

**解** (1) 计算极差:$7.4-4.0=3.4$.

(2) 确定组距与组数.

若取组距为 0.3,因为 $\frac{3.4}{0.3}\approx 11.3$,需分为 12 组,组数合适,所以取组距为 0.3,组数为 12.

(3) 确定分点.

使分点比原数据多一位小数,并且把第 1 小组的起点稍微减小一点,那么所分的 12 个小组可以是 3.95～4.25,4.25～4.55,4.55～4.85,…,7.25～7.55.

(4) 列频率分布表(表 5-1).

**表 5-1 频率分布表**

| 分组 | 频数 | 频率 |
|---|---|---|
| [3.95,4.25) | 1 | 0.01 |
| [4.25,4.55) | 1 | 0.01 |
| [4.55,4.85) | 2 | 0.02 |
| [4.85,5.15) | 5 | 0.05 |
| [5.15,5.45) | 11 | 0.11 |
| [5.45,5.75) | 15 | 0.15 |
| [5.75,6.05) | 28 | 0.28 |
| [6.05,6.35) | 13 | 0.13 |
| [6.35,6.65) | 11 | 0.11 |
| [6.65,6.95) | 10 | 0.10 |
| [6.95,7.25) | 2 | 0.02 |
| [7.25,7.55] | 1 | 0.01 |
| 合计 | 100 | 1.00 |

(5) 绘制频率分布直方图(图 5-6).

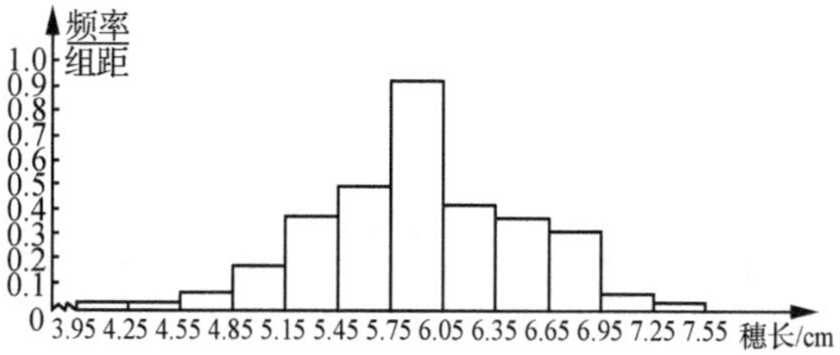


图 5-6

从表中看到，样本数据落在 5.75～6.35 之间的频率是 0.28+0.13=0.41，于是可以估计，在这块试验田里长度在 5.75～6.35 cm 之间的麦穗约占 41%.

**例 2**　某良种培育基地正在培育一种小麦新品种 A，将其与原有的一个优良品种 B 进行对照试验. 两种小麦各种植了 25 亩，所得亩产量数据(单位：千克)如下：

品种 A：357，359，367，368，375，388，392，399，400，405，412，414，415，421，423，423，427，430，430，434，443，445，445，451，454.

品种 B：363，371，374，383，385，386，391，392，394，394，395，397，397，400，401，401，403，406，407，410，412，415，416，422，430.

(1) 画出茎叶图；

(2) 用茎叶图处理现有的数据，有什么优点?

(3) 通过观察茎叶图，对品种 A 与 B 的亩产量及其稳定性进行比较，得出统计结论.

**提示**　计算结果如图 5-7 所示.

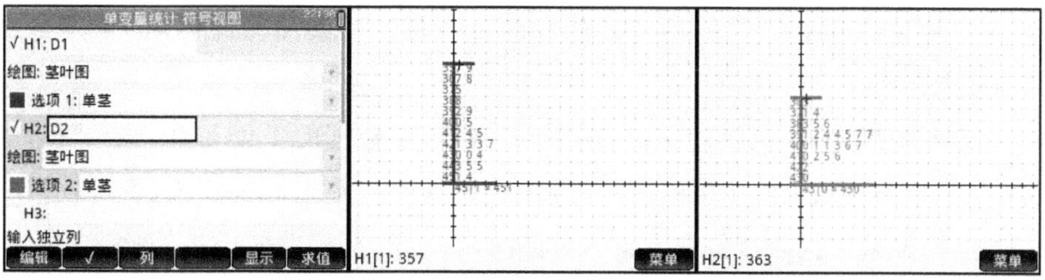

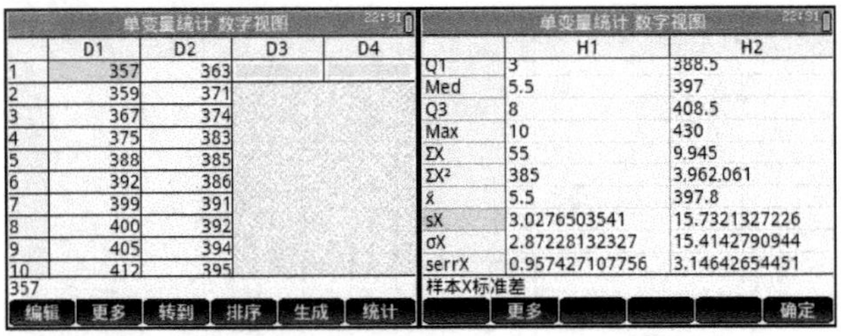


**图 5-7**

**解** (1) 茎叶图如图 5-8 所示.

| 品种 A | | 品种 B |
|---:|:---:|:---|
| 9 7 | 35 | |
| 8 7 | 36 | 3 |
| 5 | 37 | 1 4 |
| 8 | 38 | 3 5 6 |
| 9 2 | 39 | 1 2 4 4 5 7 7 |
| 5 0 | 40 | 0 1 1 3 6 7 |
| 5 4 2 | 41 | 0 2 5 6 |
| 7 3 3 1 | 42 | 2 |
| 4 0 0 | 43 | 0 |
| 5 5 3 | 44 | |
| 4 1 | 45 | |

**图 5-8**

(2) 样本容量不大,画茎叶图很方便,此时茎叶图不仅清晰明了地展示了数据的分布情况,便于比较,没有任何信息丢失,而且还可以随时记录新的数据.

(3) 通过观察茎叶图可以看出:

① 品种 A 亩产量的平均数比品种 B 亩产量的平均数大;

② 品种 A 的亩产量波动比品种 B 的亩产量波动大,故品种 A 的亩产量稳定性较差.

**分析说明** (1) 画茎叶图时,用中间的数表示数据的十位和百位数,两边的数分别表示两组数据的个位数.要先确定中间的数取数据的哪几位,填写数据时边读边填.比较数据时从数据分布的对称性、中位数、稳定性等几方面来考虑.

(2) 绘制茎叶图的关键是分清茎和叶.一般地,当数据是两位数时,十位数字为“茎”,个位数字为“叶”;如果是小数,通常把整数部分作为“茎”,小数部分作为“叶”.解题时要根据数据的特点合理选择茎和叶.

## 【练习】

从甲、乙两个城市所有的自动售货机中随机抽取 16 台，记录上午 8:00～11:00 之间各自的销售情况(单位:元).

甲:18,8,10,43,5,30,10,22,6,27,25,58,14,18,30,41;

乙:22,31,32,42,20,27,48,23,38,43,12,34,18,10,34,23.

试用纵坐标为频数的频数分布直方图与茎叶图的方式分别表示上面的数据,并简要说明各自的优点.

# 第3节 线性回归方程

## 【学习目标】

1. 了解回归方程的统计意义,了解线性回归与非线性回归的区别与联系.

2. 能运用 HP Prime 图形计算器进行简单的线性回归,并能解释参数的意义.能结合拟合结果进行简单的预测.

## 【基本操作】

在“双变量统计”应用程序中,可以进行各类直线拟合或曲线拟合,如图 5-9 所示.

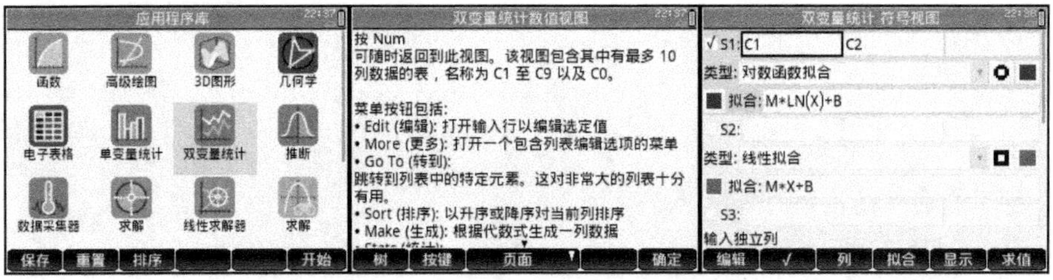


图 5-9

拟合后的预测值可以用 CAS 中的变量引用功能进行计算,如图 5-10 所示.

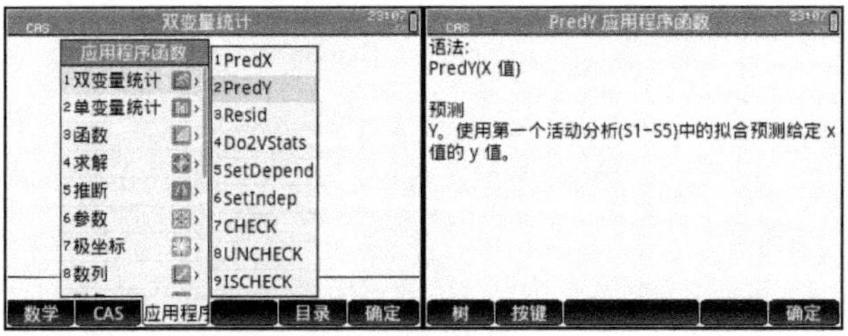


图 5-10

## 【案例解读】

**例 1** 表 5-2 为某地近几年机动车辆数与交通事故数的统计资料,请判断机动车辆数与交通事故数之间是否具有线性相关关系.如果具有线性相关关系,求出线性回归方程;如果不具有线性相关关系,请说明理由.

**表 5-2 机动车辆数与交通事故数统计资料**

| 机动车辆数 $x/10^3$ 辆 | 95 | 110 | 112 | 120 | 129 | 135 | 150 | 180 |
|---|---|---|---|---|---|---|---|---|
| 交通事故数 $y/10^3$ 件 | 6.2 | 7.5 | 7.7 | 8.5 | 8.7 | 9.8 | 10.2 | 13 |

**提示** 计算结果如图 5-11 所示.

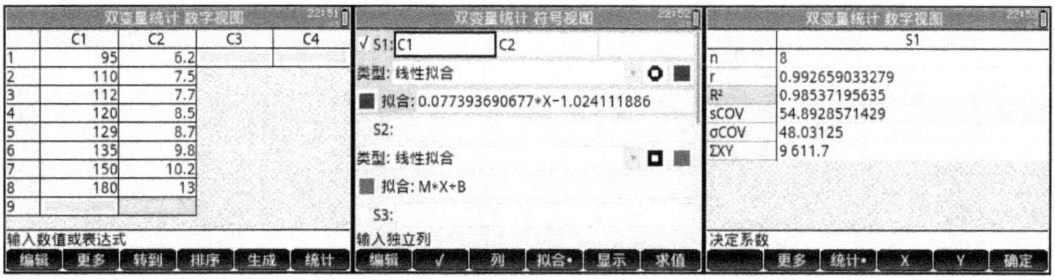


**图 5-11**

**解** 在直角坐标系中画出数据的散点图(图 5-12).

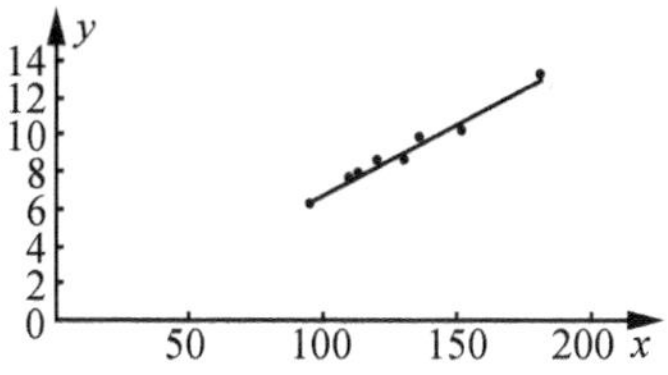


**图 5-12**

直观判断散点在一条直线附近,故 $y$ 和 $x$ 具有线性相关关系.

从而计算出相应的数据之和:

$$\sum_{i=1}^{8} x_i = 1\ 031, \sum_{i=1}^{8} y_i = 71.6, \sum_{i=1}^{8} x_i^2 = 137\ 835, \sum_{i=1}^{8} x_i y_i = 9\ 611.7.$$

将它们代入公式计算得 $b \approx 0.077\ 4$,$a \approx -1.024\ 1$.

所以,所求线性回归方程为 $\hat{y} = 0.077\ 4x - 1.024\ 1$.

**分析说明** 对一组数据进行线性回归分析时,应先画出其散点图,看其是否呈直线形,若呈直线形,再由系数 $a$,$b$ 的计算公式算出 $a$,$b$.求 $a$,$b$ 时,先计算平均数 $\overline{x}$,$\overline{y}$;接着计算 $x_i$ 与 $y_i$ 的积,然后求 $\sum x_i y_i$ 及 $\sum x_i^2$;最后将结果代入公式求 $b$;用 $a = \overline{y} - b\overline{x}$ 求 $a$.

**※例 2** 表 5-3 中数据是水的温度 $x$(℃)对黄酮延长性 $y$(%)效应的试验结果,$y$ 是以延长度计算的,且对于给定的变量 $x$,$y$,其方差与 $x$ 无关.

**表 5-3　水的温度对黄酮延长性效应的试验结果**

| $x$/℃ | 300 | 400 | 500 | 600 | 700 | 800 |
|---|---|---|---|---|---|---|
| $y$/% | 40 | 50 | 55 | 60 | 67 | 70 |

(1) 画出散点图；

(2) 判断 $x,y$ 是否线性相关；

(3) 若线性相关，求 $y$ 关于 $x$ 的线性回归方程；

(4) 估计水的温度是 1 000℃时，黄酮延长性的情况.

**提示**　利用图形计算器进行拟合，如图 5-13 所示.

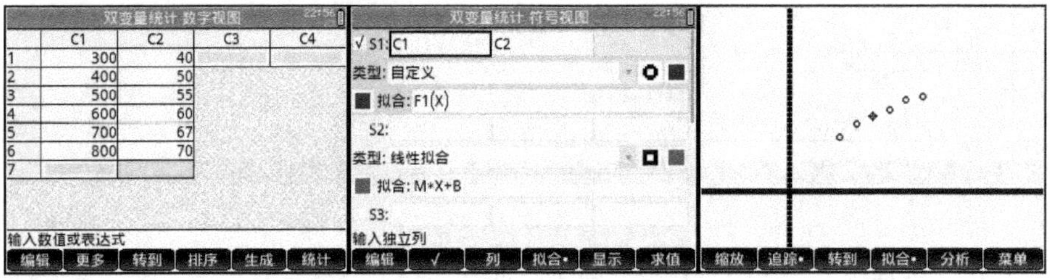


**图 5-13**

**解**　(1) 散点图如图 5-14 所示：

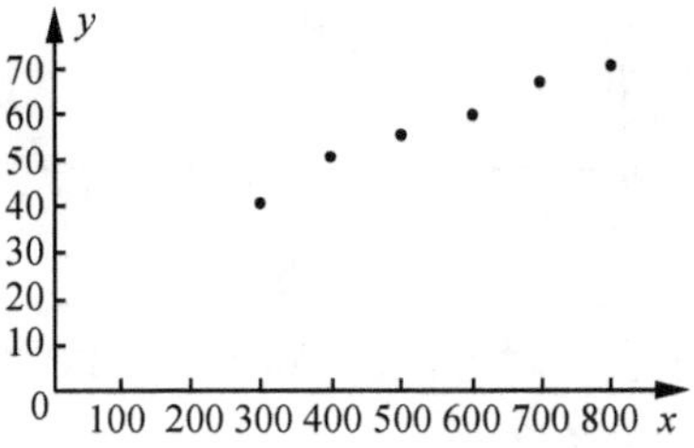


**图 5-14**

(2) 由散点图(图 5-15)可以看出样本点分布在一条直线附近，可见 $y$ 与 $x$ 线性相关.

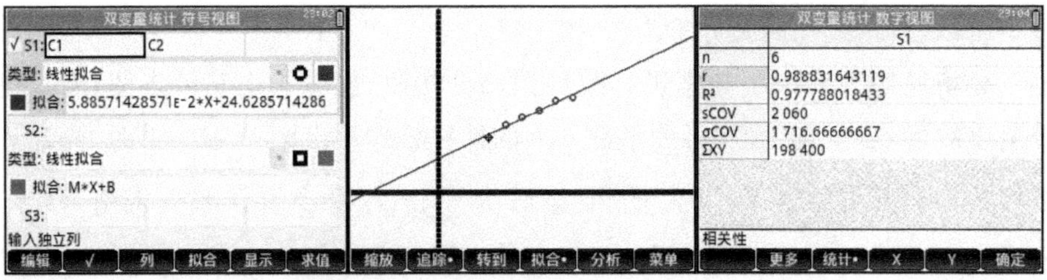


**图 5-15**

(3) 列出表 5-4 并用科学计算器进行有关计算.

表 5-4 相关计算结果

| $i$ | 1 | 2 | 3 | 4 | 5 | 6 |
|---|---|---|---|---|---|---|
| $x_i$ | 300 | 400 | 500 | 600 | 700 | 800 |
| $y_i$ | 40 | 50 | 55 | 60 | 67 | 70 |
| $x_iy_i$ | 12 000 | 20 000 | 27 500 | 36 000 | 46 900 | 56 000 |
| $x_i^2$ | 90 000 | 160 000 | 250 000 | 360 000 | 490 000 | 640 000 |
| $\overline{x}=550,\overline{y}=57$<br>$\sum_{i=1}^{6}x_i^2=1\ 990\ 000,\sum_{i=1}^{6}x_iy_i=198\ 400$ | | | | | | |

于是可得

$$b=\frac{\sum_{i=1}^{6}x_iy_i-6\,\overline{x}\,\overline{y}}{\sum_{i=1}^{6}x_i^2-6\,\overline{x}^2}=\frac{198\ 400-6\times550\times57}{1\ 990\ 000-6\times550^2}\approx0.058\ 9,$$

$$a=\overline{y}-b\,\overline{x}=57-0.058\ 9\times550=24.605.$$

因此,所求线性回归方程为 $\hat{y}=0.058\ 9x+24.605$.

(4) 将 $x=1\ 000$ 代入线性回归方程得

$$\hat{y}=0.058\ 9\times1\ 000+24.605=83.505,$$

即水的温度是 1 000℃时,黄酮的延长性大约是 83.505%.

## 【练习】

在某种产品表面进行腐蚀刻线试验,得到腐蚀深度 $y$ 与相应腐蚀时间 $x$ 之间的一组观察值如表 5-5 所示:

表 5-5 腐蚀深度 $y$ 与相应腐蚀时间 $x$ 之间的观察值

| $x$/s | 5 | 10 | 15 | 20 | 30 | 40 | 50 | 60 | 70 | 90 | 120 |
|---|---|---|---|---|---|---|---|---|---|---|---|
| $y$/μm | 6 | 10 | 10 | 13 | 16 | 17 | 19 | 23 | 25 | 29 | 46 |

(1) 画出表中数据的散点图;

(2) 求 $y$ 对 $x$ 的回归直线方程.

# 第六章 数学建模

## 第1节 简单的线性规划

### 【学习目标】

1. 了解线性规划的意义.
2. 理解约束条件、目标函数、可行解、可行域、最优解等基本概念.
3. 掌握线性规划问题的图解法,并能应用它解决一些简单的实际问题.

### 【基本操作】

利用"高级绘图"应用程序可以直观地绘制不等式组表示的区域,如图 6-1 所示.

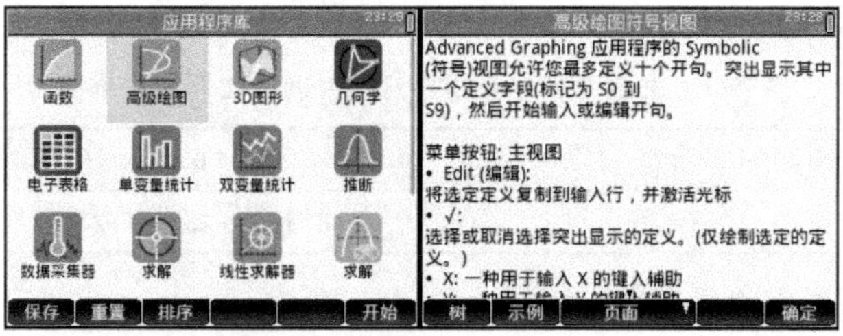

应用程序库
函数
高级绘图
3D图形
几何学
电子表格
单变量统计
双变量统计
推断
数据采集器
求解
线性求解器
求解
保存
重置
排序
开始
高级绘图符号视图
Advanced Graphing 应用程序的 Symbolic (符号)视图允许您最多定义十个开句。突出显示其中一个定义字段(标记为 S0 到 S9),然后开始输入或编辑开句。
菜单按钮: 主视图
• Edit (编辑):
将选定定义复制到输入行，并激活光标
• √:
选择或取消选择突出显示的定义。(仅绘制选定的定义。)
• X: 一种用于输入 X 的键入辅助
树
示例
页面
确定

图 6-1

## 【案例解读】

**例 1**　已知 $x,y$ 满足条件 $\begin{cases} x+2y\leqslant 8, \\ 4x\leqslant 16, \\ 4y\leqslant 12, \\ x\geqslant 0, \\ y\geqslant 0. \end{cases}$

该不等式组所表示的平面区域是什么？并求 $2x+3y$ 的最大值.

**提示**　平面区域如图 6-2 所示.

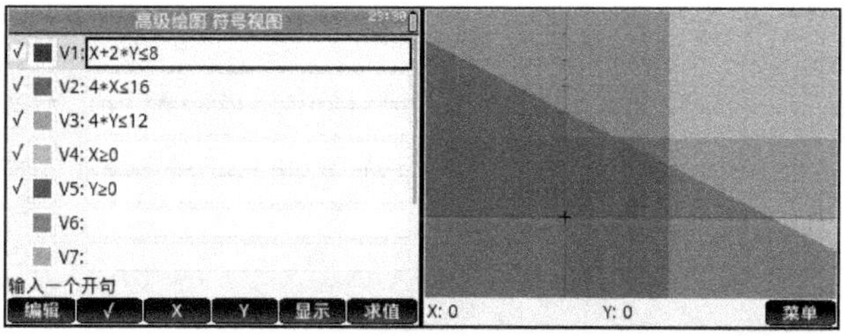


**图 6-2**

**解**　设区域内任一点 $P(x,y)$，$z=2x+3y$，则 $y=-\frac{2}{3}x+\frac{z}{3}$.

这是斜率为 $-\frac{2}{3}$、在 $y$ 轴上的截距为 $\frac{z}{3}$ 的直线，如图 6-3 所示.

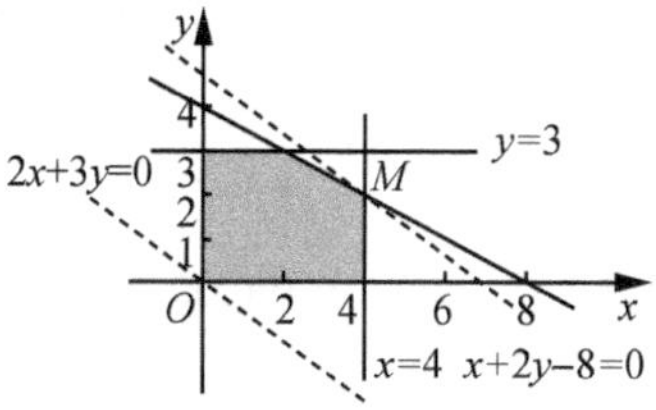


**图 6-3**

由图 6-4 可以看出，当直线 $y=-\frac{2}{3}x+\frac{z}{3}$ 经过直线 $x=4$ 与直线 $x+2y-8=0$ 的交点 $M(4,2)$ 时，截距 $\frac{z}{3}$ 的值最大，此时 $2x+3y=14$.

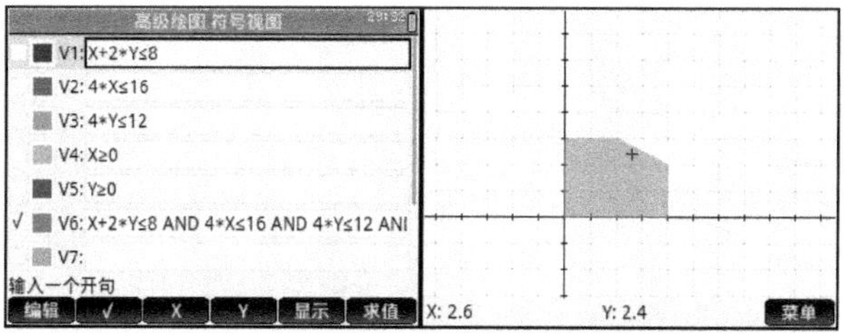

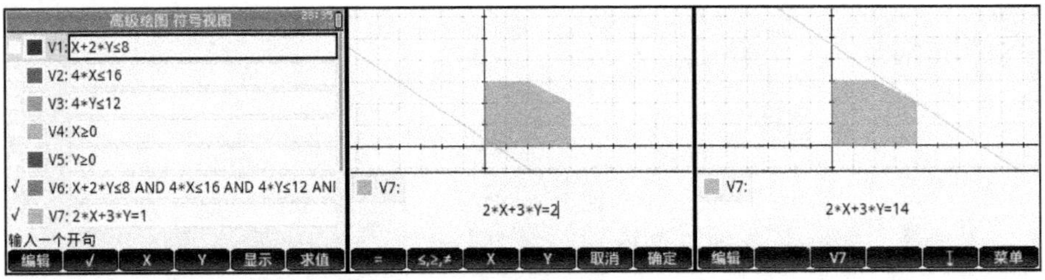


图 6-4

**分析说明** 图解法是解决线性规划问题的有效方法，基本步骤如下：

(1) 确定线性约束条件和线性目标函数.

(2) 作图——画出可行域.

(3) 平移——平移目标函数对应的直线 $z=ax+by$，看它经过哪个点(或哪些点)时最先接触可行域或最后离开可行域，确定最优解所对应的点的位置.

(4) 求值——解有关的方程组求出最优解的坐标，代入目标函数，求出目标函数的最值.

**例 2** 营养专家指出，成人良好的日常饮食应该至少提供 0.075 kg 的碳水化合物、0.06 kg 的蛋白质、0.06 kg 的脂肪. 1 kg 食物 A 含有 0.105 kg 碳水化合物、0.07 kg 蛋白质、0.14 kg 脂肪，花费 28 元；而 1 kg 食物 B 含有 0.105 kg 碳水化合物、0.14 kg 蛋白质、0.07 kg 脂肪，花费 21 元. 为了满足营养专家指出的日常饮食要求，并使花费最低，需要同时食用食物 A 和食物 B 各多少千克?

**解** 将已知数据列成表 6-1：

**表 6-1 食物 A、B 的营养成分**

| 食物 | 碳水化合物/kg | 蛋白质/kg | 脂肪/kg |
|---|---|---|---|
| A | 0.105 | 0.07 | 0.14 |
| B | 0.105 | 0.14 | 0.07 |

设每天食用 $x$ kg 食物 A 和 $y$ kg 食物 B，总成本为 $z$ 元，则

$$\begin{cases}0.105x+0.105y\geqslant 0.075,\\ 0.07x+0.14y\geqslant 0.06,\\ 0.14x+0.07y\geqslant 0.06,\\ x\geqslant 0,\\ y\geqslant 0,\end{cases}\quad 即\begin{cases}7x+7y\geqslant 5,\\ 7x+14y\geqslant 6,\\ 14x+7y\geqslant 6,\\ x\geqslant 0,\\ y\geqslant 0.\end{cases}$$

如图 6-5 所示，利用图形计算器绘出不等式组表示的平面区域.

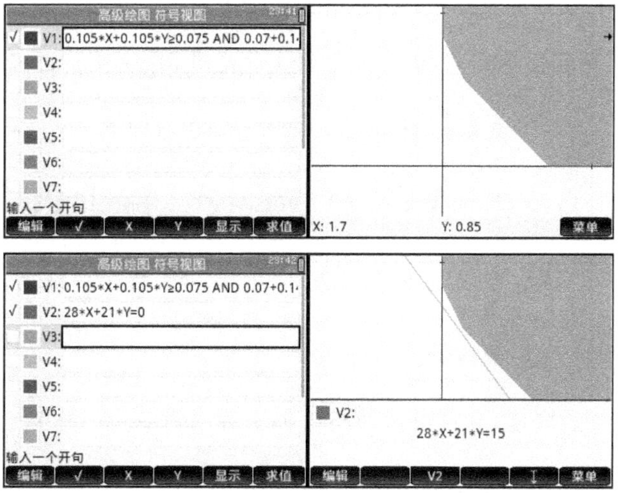


图 6-5

目标函数为 $z=28x+21y$.

作出二元一次不等式组所表示的平面区域，如图 6-6 中阴影部分所示.

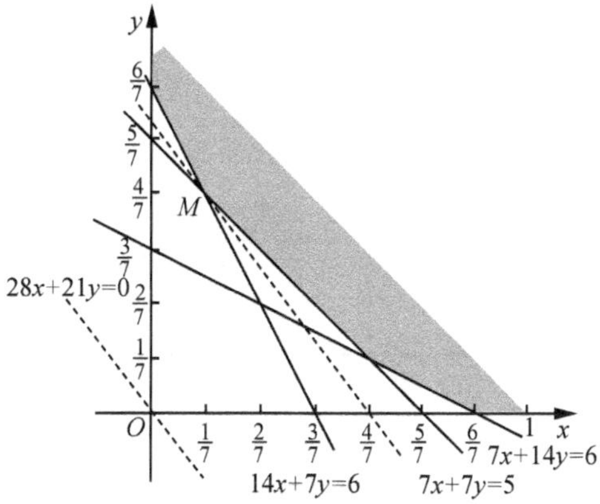


图 6-6

把目标函数 $z=28x+21y$ 变形为 $y=-\frac{4}{3}x+\frac{z}{21}$，它表示斜率为 $-\frac{4}{3}$，且随 $z$ 变化的一组平行直线.

$\frac{z}{21}$是直线在 $y$ 轴上的截距，当截距最小时，$z$ 的值最小.

由图可知，当直线 $z=28x+21y$ 经过可行域上的点 $M$ 时，截距最小，即 $z$ 最小.

解方程组$\begin{cases}7x+7y=5,\\14x+7y=6,\end{cases}$得 $M$ 点的坐标为$\left(\frac{1}{7},\frac{4}{7}\right)$.

所以为了满足营养专家指出的日常饮食要求，并使花费最低，需要同时食用$\frac{1}{7}$ kg 食物 A 和$\frac{4}{7}$ kg 食物 B.

**分析说明** (1) 目标函数 $z=ax+by(b\neq0)$在 $y$ 轴上的截距$\frac{z}{b}$是关于 $z$ 的正比例函数，其单调性取决于 $b$ 的正负. 当 $b>0$ 时，截距$\frac{z}{b}$越大，$z$ 就越大；当 $b<0$时，截距$\frac{z}{b}$越小，$z$ 就越大.

(2) 最优解的取值，和目标函数与边界函数的斜率大小有关.

## 【练习】

某厂拟用集装箱托运甲、乙两种货物，集装箱的体积、重量、可获利润和托运能力等限制数据列在表 6-2 中，那么为了获得最大利润，甲、乙两种货物应各托运的箱数为__________.

**表 6-2 甲、乙两种货物的相关数据**

| 货物 | 体积($m^3$/箱) | 重量(50 kg/箱) | 利润(百元/箱) |
|---|---|---|---|
| 甲 | 5 | 2 | 20 |
| 乙 | 4 | 5 | 10 |
| 托运限制 | 24 | 13 | |

# 第2节　用图形计算器绘图

## 【学习目标】

1. 理解曲线与方程的关系.

2. 能在“高级绘图”“参数”“极坐标”等应用程序中尝试绘制一些未知类型的曲线.

## 【基本操作】

结合不同的曲线表现形式,运用图形计算器绘图主要有三个应用程序.

(1) 以直角坐标方程为表现形式的图形可以选用“高级绘图”应用程序(图6-7),设定一定的定义域以绘制一些图案.

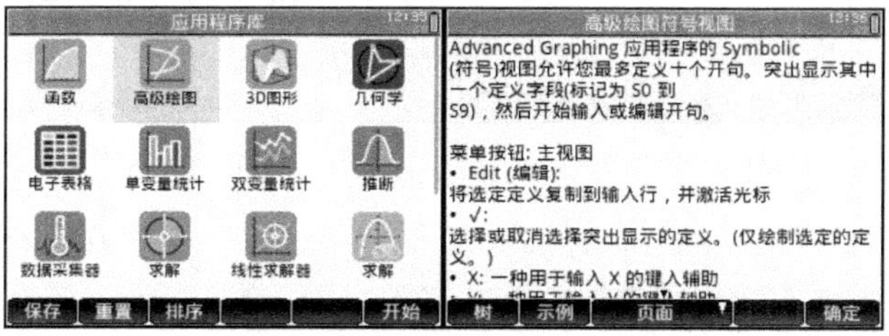
应用程序库
函数
高级绘图
3D图形
几何学
电子表格
单变量统计
双变量统计
推断
数据采集器
求解
线性求解器
求解
保存
重置
排序
开始
高级绘图符号视图
Advanced Graphing 应用程序的 Symbolic
(符号)视图允许您最多定义十个开句。突出显示其中
一个定义字段(标记为 S0 到
S9)，然后开始输入或编辑开句。
菜单按钮: 主视图
• Edit (编辑):
将选定定义复制到输入行，并激活光标
• √:
选择或取消选择突出显示的定义。(仅绘制选定的定
义。)
• X: 一种用于输入 X 的键入辅助
树
示例
页面
确定

图 6-7

(2) 以参数方程为表现形式的图形可以选用“参数”应用程序(图6-8).

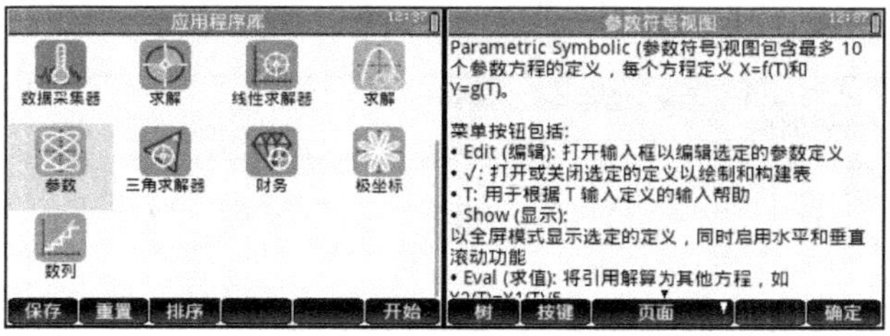
应用程序库
数据采集器
求解
线性求解器
求解
参数
三角求解器
财务
极坐标
数列
保存
重置
排序
开始
参数符号视图
Parametric Symbolic (参数符号)视图包含最多 10
个参数方程的定义，每个方程定义 X=f(T)和
Y=g(T)。
菜单按钮包括:
• Edit (编辑): 打开输入框以编辑选定的参数定义
• √: 打开或关闭选定的定义以绘制和构建表
• T: 用于根据 T 输入定义的输入帮助
• Show (显示):
以全屏模式显示选定的定义，同时启用水平和垂直
滚动功能
• Eval (求值): 将引用解算为其他方程，如
树
按键
页面
确定

图 6-8

(3) 以极坐标方程为表现形式的图形可以选用“极坐标”应用程序(图6-9).

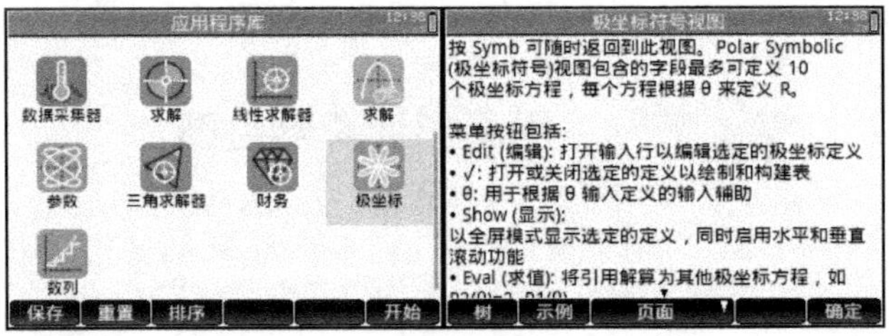


图 6-9

## 【案例解读】

**例 1** 尝试用图形计算器绘制英文字母 M.

**提示** 英文字母 M 可以看作由四条线段构成的图形，因此可以在高级绘图中设置四条线段进行绘图，如图 6-10 所示.

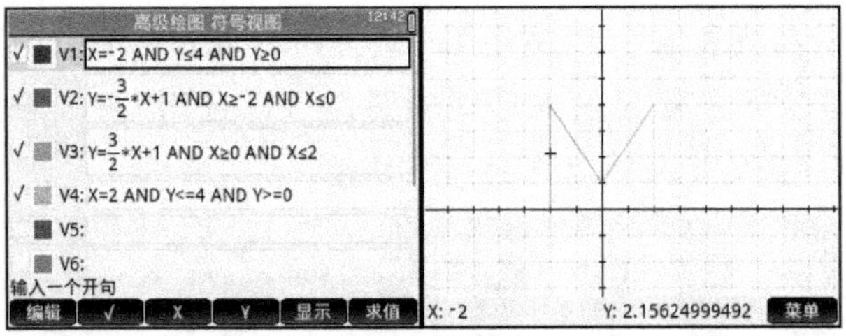


图 6-10

**例 2** 尝试用图形计算器绘制心形.

**提示** 心形可以有很多种绘制方式，可以用线段与曲线段拼接的方式绘制，也可以直接用方程绘制.

例如，在“极坐标”应用程序中，如图 6-11 所示.

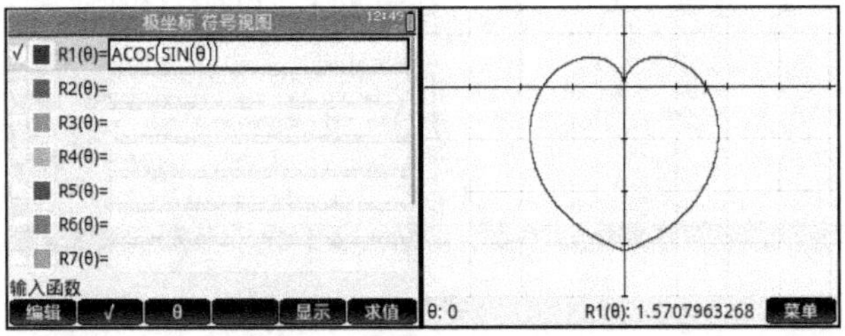


图 6-11

在“高级绘图”应用程序中，如图 6-12 所示.

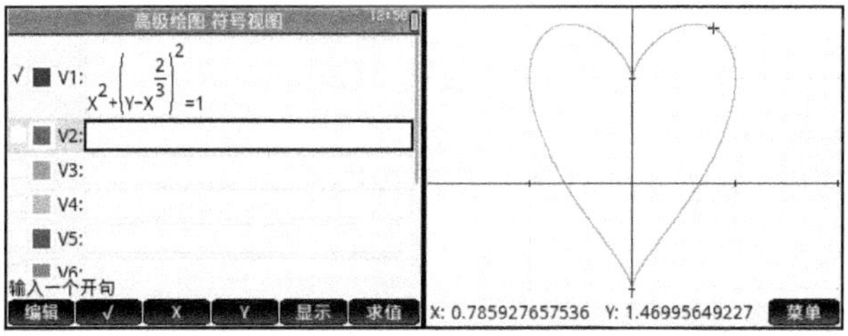


**图 6-12**

在"参数"应用程序中，如图 6-13 所示.

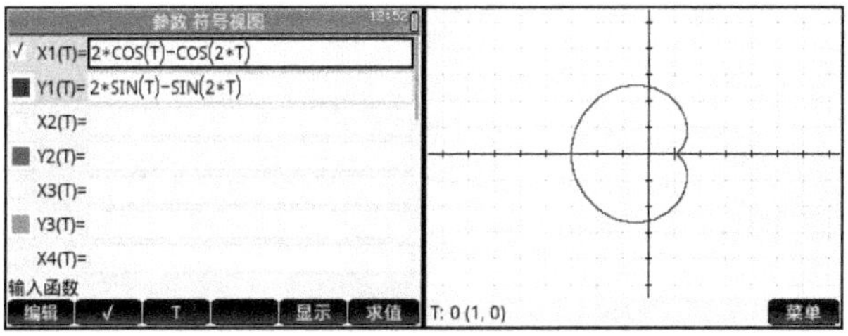


**图 6-13**

也可以结合高次函数的曲率等知识对已绘制的图形进行修正，如图 6-14 所示.

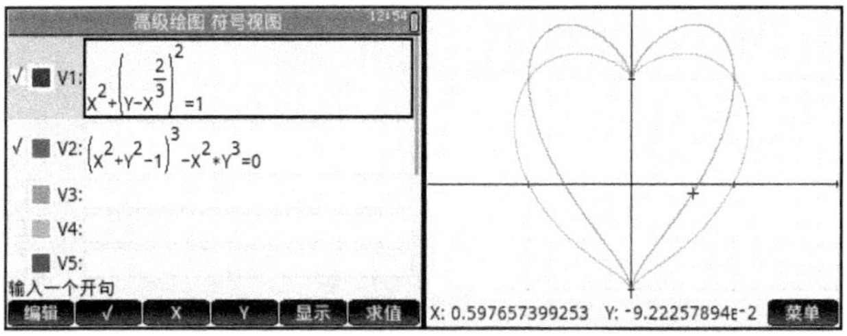


**图 6-14**

**例 3**　尝试用图形计算器绘制五星红旗.

**提示**　如图 6-15 所示，首先分析五星红旗的图案由两部分构成，分别是矩形背景和左上角的五个小五角星.(以绘制一个五角星为例)

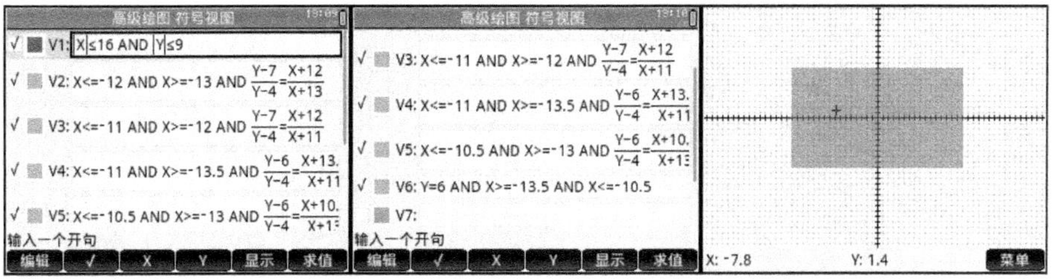


**图 6-15**

**【练习】**

查阅相关文献,绘制一个自己喜欢的图案.

# 第3节 探索空间图形的方程

## 【学习目标】

理解平面的方程，能用“3D 图形”应用程序绘制一些简单的空间图形.

## 【基本操作】

“3D 图形”应用程序如图 6-16 所示.

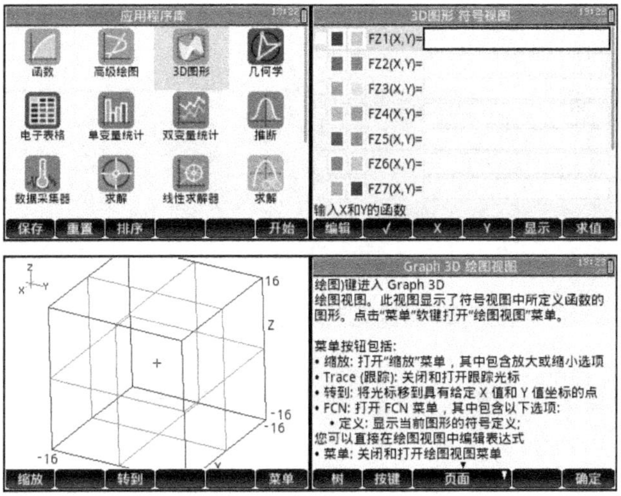


**图 6-16**

## 【案例解读】

**例 1** 尝试绘制 $xOy$ 平面.

**提示** 绘制的图形如图 6-17 所示.

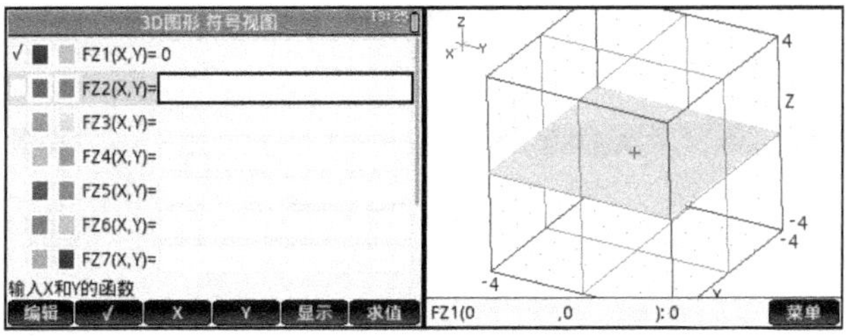


**图 6-17**

**例 2** 尝试绘制由 $x$ 轴和 $yOz$ 坐标轴对角线所构成的平面.

**提示** 绘制的图形如图 6-18 所示.

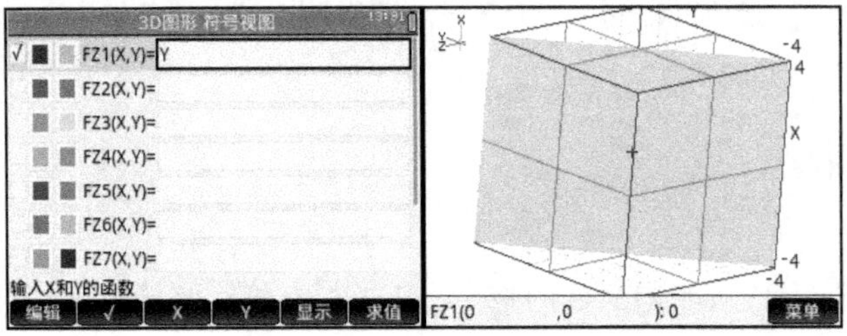


图 6-18

**例 3** 绘制以下两个方程表示的平面,探索平面的一般方程.

① $4x-y+2z=8$; ② $2x+2y-3z=0$.

**提示** 绘制的图形如图 6-19 所示.

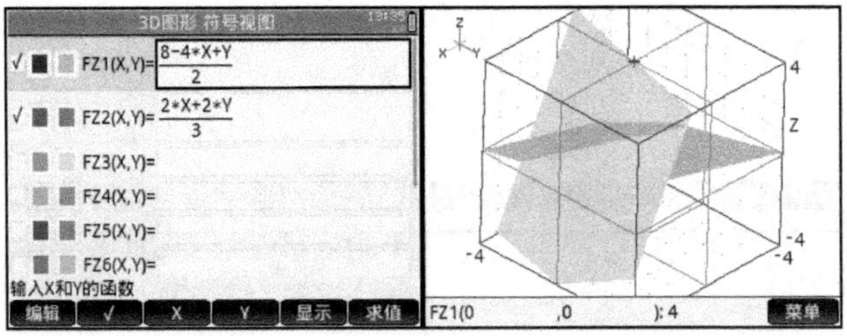


图 6-19

平面方程是指空间中所有处于同一平面的点所对应的方程,其一般式形如 $Ax+By+Cz+D=0$.

**例 4** 类比圆的方程,尝试绘制一个单位球.

**提示** 绘制的图形如图 6-20 所示.

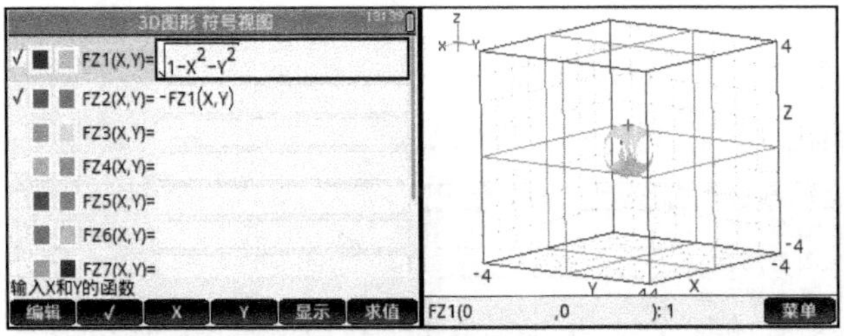


图 6-20

## 【练习】

查阅相关文献,绘制一个自己喜欢的空间方程.